历史的丰碑丛书

文学艺术家卷

置身社会大潮的苦求者
司汤达

萧　丽　编著

吉林人民出版社

图书在版编目（CIP）数据

置身社会大潮的苦求者——司汤达 / 萧丽编著 . --
长春：吉林人民出版社，2011.4（2021.8 重印）
（历史的丰碑丛书）
ISBN 978-7-206-07645-9

Ⅰ . ①置… Ⅱ . ①萧… Ⅲ . ①司汤达（1783～1842）
－生平事迹－青年读物②司汤达（1783～1842）－生平事
迹－少年读物 Ⅳ . ① K835.655.6-49

中国版本图书馆 CIP 数据核字（2011）第 037463 号

置身社会大潮的苦求者　司汤达
ZHISHEN SHEHUI DACHAO DE KUQIUZHE　SITANGDA

编　　著：萧　丽
责任编辑：葛　琳　　　　封面设计：孙浩瀚
制　　作：吉林人民出版社图文设计印务中心
吉林人民出版社出版　发行（长春市人民大街7548号　邮政编码：130022）
印　　刷：北京一鑫印务有限责任公司
开　　本：787mm×1092mm　　1/16
印　　张：8　　　　　　　字　数：72千字
标准书号：ISBN 978-7-206-07645-9
版　　次：2011年4月第1版　　印　次：2021年8月第2次印刷
定　　价：35.00 元

编者的话

"欲知大道，必先为史"。

回溯人类的足迹，人们首先看到的总是那些在其各自背景和时点上标志着社会高度和进步里程的伟大人物。他们是历史的丰碑，是后世之鉴。

黑格尔说："无疑，一个时代的杰出个人是特性，一般说来，就反映了这个时代的总的精神。"普希金说："跟随伟大人物的思想是一门引人入胜的科学。"

以史为鉴，面向未来。作为21世纪的继往开来者，我们觉得，在知史基础上具有宽广的知识结构、开阔的胸襟和敏锐的洞察力应是首要的素质要求，而在历史的大背景中追寻丰碑人物的思想、风范和足迹，应是知史的捷径。

考虑到现代人时间的宝贵，我们期盼以尽量精短的篇幅容纳尽量丰富的信息，展现尽量宏大的历史画卷和历史规律。为此，我们编撰了这套丛书。

编撰丛书的过程，也是纵览历代风云、伴随伟人心路、吸收历史营养的过程。沉心于书页，我们随处感受着各历史时期伟大人物所体现的推动历史进步的人类征服力量。我们随着伟人命运及事业的坎坷与辉煌而悲喜，为他们思想的深邃精湛、行为的大气脱俗而会意感慨、拍案叫绝。

然而，在思想开始远游和精神获得享受的同时，我们也随之感受到历史脚步的沉重和历史过程的曲折。社会每前进一步都是艰难的，都伴随着巨大的痛苦和付出。历史的伟大在于它最终走向进步，最终在血污中诞生了鲜活的"婴孩"。

历史有继承性和局限性，不能凭空创造。伟人也有血肉，他们的思想、行为因此注定了同样具有历史的局限性和阶级的、时代的烙印；他们的功业建立于千千万万广大人民群众伟大创造的基础上。历史是人民群众创造的，伟大的人物们是历史和时代造就的。同时，我们也无法否定此间他们个人的努力。这也正是我们编撰这套丛书的目的。

我们期盼着这套丛书得到社会的认同，对读者，特别是青少年读者之历史感、成就感和使命感的培养有所裨益。史海浩瀚，群星璀璨。我们以对广大青少年读者负责的精神，精心遴选，以助力青少年成长进步，集结出版了《历史的丰碑》系列丛书，敬请读者批评、指正。

历史的丰碑丛书

编 委 会

策　划：　胡维革　　吴铁光

　　　　　林　巍　　冯子龙

主　编：　胡维革　　邢万生

副主编：　贾淑文　　谷艳秋

编　委：（按姓氏笔画为序）

　　　　　于二辉　　刘士琳

　　　　　刘文辉　　孙建军

　　　　　李艳萍　　吴兰萍

　　　　　杨九屹　　隋　军

司汤达所处的时代是人类历史上最恢宏的篇章之一。1789年法国大革命爆发，1793年把路易十六送上断头台，拿破仑称帝，反击反法同盟，滑铁卢战役，王政复辟，七月革命……这些光辉的或晦暗的事件贯穿了司汤达的一生。然而并非每个人都以做这样的动荡历史的见证人为幸事，能够抓住时代的契机、从而获得透视历史的慧眼的人则更少。对理性、自由、民主与科学的崇尚赋予司汤达一种高度，使他拔身于世俗的漩涡和功利的羁绊之外，看清并以被时代所不容的方式紧紧追随着历史的方向，这个高度同时也使他倍受孤寂与失意之苦。司汤达并不是一个拙劣的宣教者，他的作品是他投入而陶醉地生活过的一生的"游记"，是他冷静、诚实、大胆地剖析自身和他人的"临床记录"。这位二百年前的"置身社会大潮的苦求者"，我们以为从他的作品中读到的是传奇和历史，掩卷时却发现对自己和现实懂得了很多。

目　　录

历史的丰碑丛书

自觉的共和主义者

我生下来就是为了写作。

——萨　特

"司汤达"其实只是他一百七十多个曾用笔名中的一个，确切地说是第三个，署于他的随笔式游记《罗马、那不勒斯、佛罗伦萨》。由于此书是他的第一部销量不错的作品，所以这个笔名得以保留沿用，作家也是以此名传世。

→司汤达

司汤达原名亨利·贝尔，1783年生于法国格勒诺布尔——一个被称为"法兰西花园"的美丽城市。贝尔家族是老牌的资产阶级，从亨利的曾祖到亨利的父亲谢吕宾·贝尔一直担任法院的律师和宗教法庭的辩护人。这个家

← 司汤达故乡格勒诺布尔

族很富裕，而且作为第三等级中的上层人物，它的社会地位也还不算低。

　　谢吕宾不仅在管理资财和投资上很有头脑，对婚姻的处理也显得极有见识，称得上独具慧眼。昂里埃特·甘尼永是格勒诺布尔市最出色的医生和最博学的人之一的甘尼永医生之女，性情开朗、多才多艺，有着意大利式的阳光般的浪漫品性。而实际上，甘尼永家族的祖先确是来自意大利的移民。正是从母亲那儿继承的南方血统铸成了亨利性格中自发冲动的部分，并且使他终生热爱意大利，甚至在墓碑上还要自称"米兰人"。

　　昂利埃特·甘尼永的早逝带走了7岁的亨利·贝尔的庇护所，而她在敏感、激情方面的影响无疑令她

儿子的不幸要比通常的孤儿多得多。那多出的部分来自他的父亲。谢吕宾·贝尔本就是一个阴郁而虔诚的人，昂利埃特这盏灯一灭，贝尔家古老的房子便显得更加阴沉。更何况此时的法国正处在大革命的高潮，巴士底狱陷落了，宪法产生了，国王被送到断头台上。贝尔家族这个世代牵着世俗贵族和宗教贵族衣襟的准贵族感到了地基的坍塌，惶惶不可终日。亨利·贝尔无忧无虑的童年结束了。

谢吕宾不了解，也从未想去了解他儿子的需要，他不假思索地按他的方式来照料和教育亨利。于是一个神经质的、刻板的未婚姨妈住到贝尔家里来料理家务；一个顽固的宗教狂、愚昧的耶稣会教士雷拉纳负责亨利的教育。可以想见，如果没有他那信仰科学、理性和自由主义的外祖父甘尼永医生施加的影响，亨利·贝尔也许只会变成一个性格偏激的愤世者。正是从外祖父的书架上，亨利知道了伏尔泰，发现了狄德罗《百科全书》的科学新世界。这些启蒙思想家们赋予他一种力量，使他积压在心中的对父亲和宗教的愤恨渐渐提高为一种理性批判，他很早便开始了自己的精神生活。不幸的童年因此反而好像是命运对这个未来作家的格外眷顾，正是这不幸造就了一个崇尚自由、理性、充满叛逆精神、对无知和谎言有着敏锐洞察力的灵魂。

政治，这个亨利·贝尔——司汤达终其一生关注的问题就这样来到他的思想之中。对父亲、教士的专制的反抗，发展成为对象征自由与理性的共和主义和无神论的信仰。结果，一个 10 岁的孩子竟会为处死国王而暗自狂喜。并且更不可思议的是，竟然懂得要弄谋略。这就是他一手炮制的"伽东事件"。

雅各宾党执政之后，公安委员会把雷拉纳神父和谢吕宾·

← 《红与黑》书影

贝尔都列上了追查的名单。谢吕宾虽然安全地躲在自由主义者岳父的家里，但不啻一只惊弓之鸟，亨利丝毫不同情父亲的处境，对他来说，自由是一种必然的事情。但是他并不满足于只是做一个旁观者，而是渴望着亲自去体验。这时候，一个名叫伽东的解除圣职的教士在格勒诺布尔组织了一个叫"希望之营"的运动，举行游行和集会，声讨反共和主义的骚动。亨利心实向往之，可是明摆着他父亲是绝不会允许这种事情发生的。于是有一天，甘尼永家的门上出现了一张纸条，歪歪斜斜的字迹本来是一个很明显的可疑之处，可是被它的内容吓坏了的大人们竟然忽略了。纸条上命令贝尔公民马上将自己的儿子送到圣·安德烈教堂参加"希望之营"，落款是致以"兄弟般敬礼"的"伽东"。

如果没有那个可恶的多嘴的亲戚的来访，这场灾难性的恐慌差一点儿就使亨利称心了。这个旁观者立刻指出书法上的儿童痕迹，于是通过与亨利练习本上的字迹相比较，这个11岁的共和主义者的阴谋暴露了。

"伽东事件"是司汤达个性特征的写照。这个个性一方面积极行动，行动时一往无前，具有鲜明的道德立场；一方面伴随着冷静的分析、严密的策划以及事后的经验（或教训）总结。

亨利·贝尔很早就决心将来做一个剧作家，这个丧失了自由与游戏、被禁止与地位低于贝尔家的孩子玩耍的"年幼的愤世嫉俗者"，只能以敏感的心灵和奇特的幻想驰骋在一个浪漫的文学世界。从那些偷偷阅读的书（高乃依、莫里哀的戏剧、卢梭的《忏悔录》和《新爱绿绮丝》以及拉克洛的《危险的联结》）上，这个偷猎者不仅为那些勇士的事迹激动不已，而且不知不觉地受到影响，确立了一种奇特的恋爱观：一方面倾向老练的放荡，有组织有计划地勾引；另一方面又向往"理想的爱情"和最温柔、最贞洁的感情。

由于1795年一项公共教育新法令的颁布，格勒诺

一司汤达纪念币

布尔市出现了一所世俗的中心学校。它以崭新的面貌取代了耶稣会或基督教控制的学校。甘尼永医生荣任校董事会的主席。他在演讲中把学校的宗旨阐发为"根据共和主义道德观念"进行教育。自然科学、数学、医学及化学教育得到强调。亨利·贝尔在14岁时，得以注册入学，从而把他很早就开始的叛逆蒙昧盲从的自我教育引入到一个更系统、更深刻的层次。

他几乎是一接触数学就狂热地迷恋上了这门学科。他热心于数学是因为它的"清晰的确定性……不包括一切虚假与模糊，这两个我最讨厌的东西"。并且在炮术和工程学在战争中起主导作用的年代里，拿破仑不就把意大利的巨大胜利归因于他的数学训练吗？亨利·贝尔跟从一位青年科学家格罗学习数学，这是位"纯正而无私欲的民主主义者"。这位老师不仅给亨利拓展了一个知识的新世界，而且要求他的学生奋力追求"伟大与有用的东西"。这位后来早逝的学者在亨利思想上的影响是无可置疑的。

亨利·贝尔在最初的学校生活中步履维艰，因为他从不知跟这么多同龄的人如何相处。但是渐渐的，亨利凭着他的头脑和个性拥有了一小群朋友与追随者。他们彼此以革命者的标准相互要求，发誓要做有道德的、民主主义的、敌视宗教的人。这些十六七岁的少年踌躇满志地讨论着法国的命运，深信不久的将来自己就会成为推动它前进的人。

亨利·贝尔在学业上，尤其是在数学上显示了他卓越的才华。1799年，他的名字列在那些准备进入巴黎综合工科大学的学生名单之首。这年秋天，亨利·贝尔——司汤达终于跳出了他痛恨的家乡格勒诺布尔，带着"艺术和爱情"的梦想踏上了通往巴黎的路。

拉辛与莎士比亚

[法] 司汤达 著　　王道乾 译

← 《拉辛与莎士比亚》书影

相关链接
XIANGGUAN LIANJIE

卢梭与《忏悔录》

　　著名的哲学家让·雅克·卢梭1712年6月28日出生于瑞士日内瓦一个钟表匠的家庭。他出生后不久母亲便离开了人世。卢梭10岁时，父亲被放逐，离开日内瓦，留下了孤苦伶仃的儿子。1728年卢梭16岁时，只身离开日内瓦。卢梭长年做临时工，他默默无闻，到处谋生，漂泊四方。他有过几起罗曼趣事，其中包括与泰雷兹·勒瓦瑟的风流韵事。他俩有5个孩子，他把这5个孩子都送进了一家育婴堂（他最终到了56岁时才与勒瓦瑟结婚）。

　　1750年，卢梭在30岁时一举成名。第戎科学院开展了一次有奖征文活动，题目是《论科学与艺术是否败坏或增进道德》。卢梭的论文论证了科学和艺术进展的最后结果无益于人物形象，获得头等奖，使他顿时成为一代名人。随后他又写出了许多其他著作，其中包括《论不平等的起源》（1755）、《埃罗伊兹的故事》（1761）、《爱弥尔》

（1762）、《社会契约论》（1762）和《忏悔录》，所有这些著作都提高了他的声望。此外卢梭对音乐有浓厚的兴趣，写了两部歌剧：《爱情之歌》和《村里的预言家》。

虽然起初法国启蒙运动的自由主义作家有几位是卢梭的朋友，其中包括德·尼·狄德罗和让·达朗贝尔，但是他的思想不久就开始与其他人发生了严重的分歧。卢梭反对伏尔泰在日内瓦建立一家剧院的计划，指出剧院是所伤风败俗的学校，结果他同伏尔泰反目，成了终生的仇敌。此外卢梭基本上属于情感主义，与伏尔泰及百科全书派成员的理性主义，形成了鲜明的对照。从1762年起，卢梭由于写政论文章，与当局发生了严重的纠纷。他一生的最后二十年基本上是在悲惨痛苦中度过的，1778年他在法国埃及迈农维尔去世。

《忏悔录》是作者晚年处于悲惨境地时的悲愤自省、呕心沥血之作。整个自传是在颠沛流离、四面受敌的逃亡生活中写成的。

《忏悔录》真实记录的不仅是他一个人的过与失，而是每一个人都具有性格的两面性。《忏悔

录》是一本为凡人创作的《忏悔录》——当你自负清高、自命不凡时，看看《忏悔录》，它会让你为自己的缺点和渺小而羞愧不已；当你自卑而无所适从时，看看《忏悔录》它会让你挖出自己的"闪光"人性，从而为自己的优点和美德庆幸不已。

作者在《忏悔录》中所描写和分析的内心世界已经是比较真实的了。然而，人们对世间万物都有自己的看法，对卢梭这么一个有争议的人也难免会产生各种各样的看法。

作为资产阶及革命的精神导师，他的思想和哲学当然不容忽视。他倡导个性自由与个性解放，反对宗教信条与封建道德法规的束缚，在《忏悔录》中宣扬个人为中心、以个人兴趣爱好为出发点的人生态度，把自由、平等视为人的自然本性。因此这部自传同时也是一部个性解放的宣言书。这种资产阶级人道主义思想在当时即18世纪无疑有着非常革命的意义，它启迪着人们摧毁封建主义的意识形态，从而推动历史的前进。

孤独的自我培训

人啊，你当自助！

——贝多芬

　　巴黎让他失望了。司汤达是怀抱着投入到一种荣耀而享乐的生活中的梦想而来的。可是对于一个笨拙、腼腆、涉世不深的16岁的外省青年来说，巴黎肯于展现给他的只是1799年雾月政变之后残败的市容和粗俗的狂欢。

　　司汤达并没忘记他来巴黎的理由，可是10天之后他却把自己关在旅店里，而没有去参加入学考试。不，"艺术和爱情"才真正是他来巴黎所要追求的东西。

　　这时我们不得不介绍一下这位作家的外貌，这对于我们理解他的一些习惯和行为很有帮助。他有一个很大的头，很大的鼻子，和一个配着两条短腿的粗壮的身体，恐怕怎么也不能说是一个漂亮的人。司汤达对自己的外貌从小就很是敏感，并渐渐产生了一种自卑感。来到虚荣的巴黎之后，这种自卑比以往更重地

←巴黎风光

折磨着他。为了在爱情的追逐中获得青睐，为了增强自信心，终其一生司汤达都是时尚的奴隶。马夏尔·达碌，他的亲戚，一个巴黎的花花公子热心地教导着他。

马夏尔·达碌的父亲老达碌是谢吕宾·贝尔的表兄弟，也是贝尔家所托付的亲戚，负有照料司汤达之责。司汤达放弃考试令老达碌十分不快，为了不让他闲待下去，他的大表哥皮埃尔·达碌——拿破仑年轻的军需副总监，把他录用为手下的办事员。司汤达欣喜若狂，因为虽说这只是一个微不足道的职位，但运转法国的心脏毕竟是向他开放了。1800年春，拿破仑第二次远征意大利，司汤达作为皮埃尔·达碌的幕僚，被授予龙骑兵少尉军衔。这一年，他刚刚17岁。

像其他官兵一样，司汤达认为自己是一名解放者，是响应拿破仑的号召，把自由之火种播撒到封建黑暗王国去的民主斗士。同时作为一名未来的诗人，他知道自己必须获得丰富的人生经验以及古代伟大艺术的陶冶。意大利，意味着一个真正的起点。

这次穿越阿尔卑斯山的行军在历史上赫赫有名，它使拿破仑的军队出其不意地出现在敌人面前。可是司汤达却认为稀松平常，他那无畏的气质并没有得到切实考验的机会。可是艺术——意大利歌剧给了他安慰。正是从这时起，他开始醉心于音乐，甚至"在意大利生活并聆听这种音乐成了我全部打算的出发点"。但是在另一方面——爱情上，司汤达就远没那么走运了。作为解放者，法兰西军官们任意追逐着热情美丽的意大利女人，可是一个笨拙、穷酸的17岁的下级军官却不易受到青睐，何况他还很丑陋。

1802年，司汤达发现当将军的野心一点点

← 拿破仑头像

冷却下去，他的内心深处仍是向往艺术的，他真正想当的仍然是一名戏剧家。于是，这位携大量书籍行军的19岁的龙骑兵，带着情场失意的沮丧和干一番事业的决心辞去职务，回到了巴黎。从此，司汤达开始了他一生中"最得意的时候"，"这是一个没有文学团体或文学大师来影响他，没有年龄比他大的朋友来劝导他的、紧张的自我教育和不倦的自我分析时期"。

他首先问自己"我的目标是什么？"回答是"为了获得法国最伟大的诗人的名声"，为了这个目的，他自觉地开始了一种紧张而充实的生活。早上6点就醒来读书和研究，下午在杜伊勒利宫花园里散步，晚上读书和记笔记。另外每周还用几天时间跟一位爱尔兰修士学习英文。大约三年的时间中，他就靠着每月150法郎的汇款窘迫而默默无闻地生活着，每天都要学习或写作12个小时。他按照自己的意愿教育着自己。后来，当他回忆往事时，认为正是在19到20岁这段时间里，他形成了自己的智力结构和思想体系。在一生的其余时间里，他只是把这些思想进一步完善和扩大了运用而已。

当时统治文坛的新古典主义文学，在题材上要求模仿古人，赞美理智对世俗情感和欲望的战胜，维护君国道德伦常，描写英雄和贵族，追求庄严、崇高和

适度的效果。在形式上，最重要的规则是三一律，即事件发展只能顺着一条情节线索，在同一个地点，在不超过24小时的时间内完成。这种理论名义上是对古希腊戏剧的模仿，实际上却大大歪曲了亚里士多德的《诗学》，是为维护封建秩序的哲学在文学上的反映。它要求放弃人的自然情感和欲望，摒弃现实的生活和时代，讥笑通俗的语言。司汤达作为一个共和主义者，认为这种文学拜倒在君主政体脚下，有一种卑劣的音调。他思考着一种更为自由、写实的新的文学。这时，莎士比亚的作品通过他那蹩脚的英文进入到他的视野。司汤达却从这位英国诗人身上找到了深深的默契感。莫里哀也赢得了司汤达的喜爱。这位喜剧作家辛辣的讽刺和平民倾向在新古典主义的潮水中如一座闪光的

岛屿。司汤达决心写作喜剧。可是经过几次失败的尝试，他发现自己的才情并不适合，他陷入深深的痛苦之中。

当时的法国，小说这种文学样式还在实践中，其发展远远落后于英国。几篇早期作品带有自传性质，而且主要是采用书信体形式，感伤缱绻，主观性太强，如斯达尔夫人的《苔尔芬》。年轻的司汤达作为一个老资格的启蒙主义的信徒，他的信仰的形成可上溯到格勒诺布尔中心学校的5年教育。他习惯于客观分析，重视经验和实验观察，提倡体验生活，追求功效和幸福。这是种形式简朴的唯物主义体系，派生出他的创作信念：即用一种不断增多的现实性来再现人物的性格与感情。这是一种充满了细节的作品。为此，司汤达开始多方搜集素材：如写信给妹妹波利娜，要她帮助得到关于女人的专门知识——那些女子寄宿学校的事实；他甚至观察老达碌葬礼上的教士。

更为了不起的是，他不再满足于窥探人们的行为，关注事件的过程，他是那些最早对人的心理产生兴趣的作家之一。他绕过了他的同时代人而汇入了百年之后19世纪末叶的现代思潮。

从这些探索可以更好地理解司汤达以后的作品，正像他自己所认为的，这种新哲学视角使他获得了创作的"方法"和"真理"。这是一个确定基本原则的时期，在这个时期里，没有一部完整的作品问世。他说："我期待着灵感。"可是就在这时，时代变迁了。

司汤达的"贝尔主义"原则是一个共和主义者的哲学，而在这个哲学的确立过程中起到重要作用的拿

← 阿尔卑斯山

破仑却在1804年为自己戴上了王冠，变成了法兰西第一帝国的专制君主，司汤达遥望着杜伊勒利宫，感到"那所宫殿压在我的肩上"。时代在腐败，自我教育也进入了一个死胡同。于是，司汤达决定结束他抽象思维的封闭生活，从书斋中走出来，把他的哲学投入到实际的生活中去。

他尽力把自己打扮得漂漂亮亮，然后带着自我陶醉的心情忙着出征社交界。只有极少数的人会赢得他真心的欣赏与尊重，而大多数人在他那敏锐的视线的透视下，只配得到他违心的恭维。但社交界正是这些人的天下。司汤达不断分析和校准自己的行为，一点点地完善自己的交际艺术，积累和实践着学习来的人情世故。他渐渐可以摆布人们的虚荣心，从而牵着他们走。这些社交手腕的实验不断地被策划与实行着。可是离圆熟还有一段漫漫长路。司汤达太过轻信与胆怯了，他得慢慢克服它们。

在另一个战场——爱情，司汤达也频频出击。在经历了若干次无望的渴慕与追求之后，一位美丽的女演员梅兰妮映入眼帘。在1805年司汤达的日记里，我们可以读到系统的策略，诸如欲擒故纵、虚言承欢之类。然而他那易感冲动的天性时不时暴露出来破坏他的冷静谋划。他患得患失，焦躁多疑，无限地夸张情人的美丽与高雅。与一个最普通的坠入情网者毫无区别。最后，司汤达赢得了这次战斗。他追随着梅兰妮离开巴黎来到马赛，成为一个零售商人的职员。两人在共度了一段美好的时光之后，不可避免的结局来临了。生活的窘迫成为导火索，它使司汤达陷入对自己一事无成的苦恼之中。拿破仑的扩张战争使半个欧洲的财富源源不断流入法国。这是个野心膨胀的时代，也是个有才华的年轻人的野心极易满足的时代。野心控制了司汤达，打垮了正在衰弱下去的爱情，使他忘记了自己许下的种种诺言，断然结束了这段罗曼史。然后他坐下来给他那升上军需总监宝座的表哥皮埃尔·达碌写信。

相关链接
XIANGGUAN LIANJIE

莫里哀及其代表作

莫里哀（1622—1673），法国喜剧作家、演员、戏剧活动家。法国芭蕾舞喜剧的创始人。本名为让－巴蒂斯特·波克兰（Jean Baptiste Poquelin），莫里哀是他的艺名。莫里哀是法国17世纪古典主义文学最重要的作家，古典主义喜剧的创建者，他在欧洲戏剧史上占有十分重要的地位。他曾享受贵族教育，但不久就宣布放弃世袭权力，从事戏剧事业。他创立"光耀剧团"，惨淡经营，曾因负债而被指控入狱。后来，他不顾当时蔑视演戏的社会风气和家庭的反对，毅然离家出走，在外漂流了十多年。由于他积累了丰富的生活素材，编写演出了一系列很有影响的喜剧。最后，莫里哀作为剧团的领导人重返巴黎，此后，他一直在巴黎进行创作演出。

莫里哀生活在资产阶级勃兴、封建统治日趋衰亡的文艺复兴时期。他同情劳动人民，笔锋所向，揭露的是昏庸腐朽的贵族、坑蒙拐骗的僧侣、无病呻吟的地主、冒充博学的"才子"，还有靠剥削起家而力图"风雅"的资产者、利欲熏心、一毛不拔的高利贷者……他从各个侧面勾画出了剥削阶级的丑恶形象。但他还没有注意到正在形成的工人队伍，因此他笔下的正面人物，常常是那些被嘲讽者的仆人、佃户、工匠，这些人总是以高妙的手段使对方当场现形，让剥削者在观众的哭声中受到批判。

1659年，莫里哀创作《可笑的女才子》，辛辣地讽刺了资产者的附庸风雅，抨击了贵族社会所谓"典雅"生活的腐朽无聊，因而触怒了贵族势力，遭到禁演。但莫里哀并未被吓倒，连续编演了《丈夫学堂》和《太太学堂》。《太太学堂》因宣扬新思想，要求冲破封建思想牢笼而被指责为"淫秽""诋毁宗教"，又遭到禁演。莫里哀奋起还击，写了《〈太太学堂〉的批评》和《凡尔赛宫即兴》两出论战性短剧。1664年，莫里哀写成杰作《伪君子》，1668年，他又创作了另一部力

作《吝啬鬼》。

莫里哀是位喜剧大师，但是他的死却是一场悲剧。为了维持剧团开支，他不得不带病参加演出。1673年，在演完《没病找病》最后一幕以后，莫里哀咯血倒下，当晚就逝世了，终年51岁。由于教会的阻挠，他的葬礼冷冷清清。

莫里哀给后人留下了近三十部喜剧，我国曾翻译出版的作品有二十多种。莫里哀不仅是位杰出的剧作家、出色的导演，还是一位造诣极高的演员，他以整个生命推动了戏剧的前进，以滑稽的形式揭露了社会的黑暗，是法国古典主义文学，以及欧洲文艺复兴运动的杰出代表。

迷失的8年

你必须振奋你的生活，否则它将腐蚀
我们……让你的性格沉睡，等于接近死亡。

——司汤达

司汤达早些时候在社交实践中获得的经验派上了用场。像他计划的那样，他获得了达碌夫人的青睐。作为战果，司汤达当上了德国的一个小公国布劳恩施魏克的行政长官，成为拿破仑政权的许多低级总督或助理总督之一，是二十多万德国人的真正统治者。

封建的德国是一个大小公国分而治之的分裂的国家，统一的民族主义精神极为淡薄。拿破仑入侵同时带来了扩大的公民权和现代化的法典，这些又不期然地成了这种爱国的民族主义的温床。司汤达就曾多次亲历这种爱国热情高涨的必然结果——起义。他那非凡的冷静与勇敢使他每一次都能化险为夷；另一方面，他所看到的一切也越来越加重他的忧虑。然而作为一个世界主义者，支配司汤达的思想与行动的既不是偏狭的民族利益，也不是妇人之仁式的同情，而是理智。

　　由于他把这一切都视为解放所带来的不可避免的代价，所以1811年去意大利旅行时他写道："直到现在，为了法国大革命所带来的极好的制度，我一直为它感到欣喜。虽然随着入侵，这些制度为乌云所遮蔽。"所以，尽管他为这种种袭来的忧虑苦恼，却仍恪尽职守，出色地完成了征收军粮与贡金的任务。

　　由于司汤达这时期的感情被野心支配着，他那不断膨胀的欲望使他把进攻的目标再次指向达碌伯爵夫人。他运用"贝尔主义"的精确的逻辑分析，针对达碌夫人的弱点拟定了作战计划。像典型的上流社会的联姻一样，达碌夫人和她的丈夫谈不上爱情，自然，对那种"心灵的欢乐"更是一无所知。司汤达抓住一

→圣彼得广场

切机会奉上他无微不至的关怀、亲切优雅的言谈以及谦恭的崇拜。功夫不负有心人，1810年达碌夫人帮他"体贴的表弟"弄到了会计检察官的职位，司汤达成为由五六百个最高级官员组成的支配着帝国的统治集团的一员。他同时还是王室总管的副官，这两个职务每年共带给他11 000法郎的薪俸。可是，司汤达的下一个愿望是做3万法郎一年的省长。

司汤达曾经说过："在这个国家里，虚浮统治着一切地方，100个人里，有98个没有别的感情。"而如今，他无疑已堕入了这个虚浮的罗网。他已很少读书和写日记，他那做一名诗人的计划无限期地推迟了。虽然时有自责，可是他第二天仍会打扮得时髦花哨地赴某个宴会或沙龙。由于纵情声色，他变得更粗壮了。并且博得了"花花公子"的名声，他甚至为此而洋洋自得。

野心的顺利进程使他在爱情上又产生了更高的欲望。他不再满足周旋于普通女人中间，而是把征服的矛头指向最出色与卓越的达碌伯爵夫人。这一次他的目的不再只是功名利禄，而是爱情。达碌夫人无疑是个谨慎的人，并且不乏理智与洞察力。对于司汤达反复无常的性格与犹豫不决的想法，以及作为这一切的证明的"浪子"的名声，她都太了解了。所以这次司

汤达称为"贝谢维勒"战役的求爱一败涂地。

有趣的是，为了这次引诱，司汤达甚至事先求助于一个童年的朋友、另一个贝尔主义者、深深信赖逻辑分析学的克罗泽。二人进行了一次全方位的可行性论证，就像我们现在论证一个投资项目的可行性一样。在所有爱情的历史或文学中，它确实是一份最奇妙的文件。虽然这份由克罗泽提问、司汤达回答，最后取名为"进攻、进攻、进攻"的分析报告并没有正确地预见到结局，我们从中却充分领略了司汤达对表述和分析的热情，这种热情是真正学者式的。

1811年，司汤达感到空虚。野心和欲望之渊的生活、无聊的爱情游戏已使他厌倦了巴黎。他向自己发

→佛罗伦萨

出警告："在野心上——你清醒点，年轻的审计官。"于是他请了两个月的探亲假，而实际上却踏上了前往意大利的第二次朝圣之旅。

自从跟随意大利远征军认识了意大利之后，"自然的"意大利人和他们的生活艺术以及美妙的音乐就在司汤达的心中扎下了根。他认为自己更像一个意大利人而不是一个法国人。这次意大利之旅日记的笔调比第一次更为精美细腻，似乎写作之时就已存了面世之心。两年后这本定名为《意大利纪事》的日记被改写成一本旅行回忆录：主人公是名军官，他厌倦了巴黎生活，来到艺术的源地——意大利，希望在此寻找美与爱。主人公太容易辨认了，司汤达求真求实的风格使他对文学虚构还不曾考虑很多。然而不管怎么样，这可能是司汤达早期文学实践中最有魅力的作品。

追求幸福是司汤达人生的终极目的，而且他认为这个目的最终也是能够达到的。在第一次意大利之行情场失意的沮丧里，他曾发誓终有一天要戴着上校的肩章荣耀地出现在梦中情人彼得拉格鲁阿的面前，击败所有对手赢得她的爱情。10年之后，他已经达到甚至超过了这个目标。作为一个第一帝国的得势者，可称得上是一个货真价实的大人物了。可是即使这样，司汤达的进攻也颇费了些周折，甚至还有危险。

　　司汤达带着对意大利艺术的感动和对情场得意的自满回到了巴黎。等着他的却是来自官方的责难。他到意大利的"隐蔽"旅行早已被无所不晓的秘密被警察当局详尽地汇报过了。更为不妙的是，达礴夫人显然也已知道了他意大利情人的故事，待他极为冷淡。对于被野心驱使的司汤达，此时最大的沮丧是他获得荣誉十字勋章的希望将落空，而且去意大利当一名外交官的梦想成了痴心妄想。

　　当司汤达苦于无法摆脱窘境时，机会来了。1812年，四面受敌的拿破仑准备出击俄国，司汤达放弃了舒适的位置，加入现役，又成了一名军需官。他准备通过这个途径去获取新的荣誉，而且，这次远征本身也有着巨大的魅力。

　　司汤达作为一名二线军官，可以冷静客观地观察官兵和战事，并且按他的习惯来分析他们。司汤达看到的东西使他产生了与前两次参战完全不同的情感：他感到惶惑不安。由于拿破仑的失策，法国军队没有解放边境地区的农奴，从而失去了解放者的招牌，成为完全意义上的入侵者。为狂热的爱国热情武装起来的俄国人民烧掉粮食和房屋，使法军陷入绝地。再加上军队内部的腐败、严寒的逼迫，拿破仑不得不从莫斯科撤退。

可怕的莫斯科溃败也是司汤达从荣誉、野心中撤退的开始。贝尔所特有的坚强意志使他战胜了九死一生的恐惧。当别人因丧失信心而死去时，他从未想到自己会死掉。他在军队中观察到的人们的内心世界使他厌恶。他对拿破仑的体系，对自己的美好计划，甚至对由达碌夫妇点缀的上流社会的价值丧失了信心。他在仕途上继续失意，但是又不得不再次踏上征途，作为军需官去往西里西亚前线。

完全厌弃了战争的司汤达仍孜孜不倦地积累着宝贵的经验。正是凭着对包岑战役的观察，司汤达才写出了那些描写滑铁卢战役——实际上他并未参与——的光辉文字。正如皮埃尔·马蒂诺对他的评论：“他的同时代的大多数文学家的生活是在写字台前、客厅里或文学家的圈子里度过的，而在司汤达的书页中，甚至在他早年的作品里到处涌流出一种惨痛的经验感，一种极端的坦率，一种严厉的人生观……”

而司汤达自己则说：“我看到了一个过案牍生活的作家1000年里也看不到的东西。”

为了将养被斑疹伤寒折磨得虚弱的身体，司汤达再一次来到意大利。虽说女巫般的彼得拉格鲁阿使之时经受猜忌之苦，但在她的怀抱中司汤达得以暂忘疲倦和失意。然而拿破仑的最后时刻终于来到了，保卫

祖国的最后号召令司汤达回到了他的家乡格勒诺布尔，负责防范事务。为一种爱国热情所感染，他为此倾注了全部的才能与精力，也许这是他一生中最为光辉的时刻。

正如史书所载，1814年拿破仑垮台了。司汤达目睹着波旁国王和他的贵族与教士的扈从在外国军队的护送下进入巴黎，法国的光辉消失了。上流社会为了性命、财产和地位纷纷向新主宣誓效忠，这是一个变节的时代。司汤达却反其道而行，离开了上流社会。他拒绝担任波旁王朝的重要职务，却接受了一种隐匿的贫困生活。1814年7月，在路易十八登上王位的3个月后，司汤达悄悄地溜出巴黎，赶往米兰，开始了长期的自我放逐。

相关链接
XIANGGUAN LIANJIE

法国大革命

1789年5月，由于财政困难国王被迫召集三级会议，路易十六企图向第三等级征收新税，但第三等级纷纷要求限制王权、实行改革。6月，他们依然决定将三级会议改为国民议会。路易十六准备用武力解散议会。巴黎人民于7月14日起义，攻占了法国象征封建统治的巴士底狱，法国大革命爆发。8月26日制宪会议通过《人权与公民权宣言》（简称《人权宣言》），确立人权、法制、公民自由和私有财产权等资本主义的基本原则。宣布人与人与生俱来而且始终是自由的，在权利方面是平等的，财产权是神圣不可侵犯的。议会还颁布法令废除贵族制度，取消行会制度，没收并拍卖教会财产。革命初期，代表大资产阶级和自由派贵族利益的君主立宪派（斐扬派）取得政权。1791年6月20日路易十六乔装出逃，企图勾结外国力量扑灭革命，中途被识破押回巴黎。广大群众要求废除王政，实行共和，但君主立宪派则主张维持现状，保留王政。君主立宪派

制定了《一七九一年宪法》，召开立法会议，维护君主立宪制，反对革命继续发展。

第一、二等级和大资产阶级取得了妥协，但和占法国人口大多数的农民和城市平民的矛盾依然没有缓和，相反，人民在斗争中看到了自己的力量。1792年8月10日，巴黎人民再次起义，推翻君主立宪派统治，逮捕路易十六国王。9月21日召开国民公会，次日宣布成立法兰西共和国。

8月10日巴黎人民起义后，吉伦特派取得政权。9月20日法国军队在瓦尔密战役中打败外国干涉军。由普选产生的国民公会于9月21日开幕，9月22日成立了法兰西第一共和国。吉伦特派执政期间颁布法令，强迫贵族退还非法占有的公有土地，将没收的教会土地分小块出租或出售给农民，严厉打击拒绝对宪法宣誓的教士和逃亡贵族。1793年1月21日，国民公会经过审判以叛国罪处死路易十六。

吉伦特派把主要力量用于反对以罗伯斯庇尔为首的雅各宾派、巴黎公社和巴黎无套裤汉。从1792年秋季起，要求打击投机商人和限制物价的群众运动高涨起来。以忿激派为代表的平民革命家要求严惩投机商，全面限定生活必需品价格，以恐怖手段打击敌人。吉伦特派却颁布法令镇压运动。1793年2—3月，以英国为首的欧洲各国组成反法联盟，加强武装干涉；国内也发生大规模保王党叛乱。4月，前线的主要指挥、吉伦特派将领迪穆里埃叛变投敌。在革命处于危急的时刻，巴黎人民于5月31日至6月2日发动第三次起义，推翻吉伦特派的统治，建立起雅各宾派专政。

雅各宾派颁布《雅各宾宪法》，废除封建所有制，平定吉伦特派叛乱，粉碎欧洲君主国家的武装干涉；但仍保持反劳工的《列·霞飞法》和《农业工人强迫劳动法》，并镇压忿激派和埃贝尔派。

但不幸的是，雅各宾派过激和恐怖的政策，也使它走向分裂和内讧，陷于孤立的罗伯斯庇尔也未能完全守护住法国革命的成果，而反法同盟一再被各欧洲封建君主拼凑起来，它们一轮轮地围剿法国革命，企图恢复法国波旁王朝的封建政治。1794年7月27日，雅各宾中被罗镇压的右派势力发动热月政变，逮捕了罗伯斯庇尔和圣鞠斯特，建立热月党人统治。这时革命最危急的关头已过去，热月党人成立了新的革命政府——督政府，他们清除了罗伯斯庇尔时期的革命恐怖政策和激进措施，建立了资产

阶级的正常统治，维护了共和政体，在法国国内维护了资产阶级革命的成果。

但国外围剿革命的势力仍是浊浪滔天，此时，督政府中又一个新的政治明星应运而生，他就是拿破仑。历史又淘汰了热月党人。在"雾月政变"中，年轻的拿破仑执政，担负起了扫荡欧洲封建势力、最后巩固大革命成果的重任。

法国的革命力量就是这样一波一波地行进，一批人完成了特定阶段的历史使命，就被历史无情地淘汰，如此行进直到革命的成功。这次革命摧毁了法国封建专制制度，促进了法国资本主义的发展；也震撼了欧洲封建体系，推动了欧洲各国革命。

1797年，拿破仑被任命为"意大利方面军"总司令，同欧洲封建势力作殊死斗争，大大维护了革命政权所取得的胜利成果。1798年，拿破仑率军远征埃及。当时埃及为英国占领，在英国的支持下，受到入侵的埃及、叙利亚人民对法国入侵者给予了有力打击。拿破仑进退维谷，难以立即做出决断。正当他陷入埃及困境之时，沙皇俄国军队在沙皇本人的带领下，组织欧洲其他反法各国，结成第二次反法同盟，向法国发起进攻，试图把法国革命彻底消灭。

另外，法国国内保王党人看到这种情况，也蠢蠢欲动，企图从内部推翻资产阶级统治，恢复他们旧有的统治秩序。国内政局动荡不安。甚至连国民政府内部也对政府的统治不满，不少人要求政府采取有力措施，向国内外敌人发起进攻。在这种形势下，头脑清醒的拿破仑立刻意识到将要发生什么。于是，他抛下法国远征军，于1799年10月，只率少数随行人员，偷偷地离开埃及，急匆匆昼夜兼程赶回巴黎。

"拿破仑将军回来了！"拿破仑刚一进入巴黎，他的支持者便奔走相告，立即一传十，十传百，巴黎沸腾了。人们欢呼雀跃，高呼着拿破仑的名字激动异常。拿破仑也没有想到，他能够得到这么多人的狂热支持，他立刻把他周围的人召集起来，商量下一步计划。"我认为，我们应该采取行动，满足巴黎人民的要求，立即取消现在掌握权力的督政府，成立执政府，把大革命彻底进行下去！"其中一个人这样说。

"对！您应该成为我们的领袖。革命果实马上就要被瓜分了，我们必须对懦弱无能的督政府采取行

动，捍卫革命政权，维护胜利果实。"不少人强烈要求。拿破仑犹豫再三，他不是对自己将要采取的行动犹豫，而是想试探一下有多少人支持自己夺取政权。终于，他微微一笑，对忠实于自己的这些部下发话了："好！我答应你们的要求，我们立即采取行动。不过，我们要很好地商量一下具体行动措施。我的要求是，只许成功，不许失败！""是！"部下们异口同声。看到这些人情绪高涨，满怀信心，他问他的得力干将布鲁斯说："布鲁斯，银行家们的事情做得怎么样？"布鲁斯回答道："他们都答应了我们的要求，同意提供足够用的资金。"听了这句话，拿破仑终于咽下了最后一颗定心丸。几天前，他派布鲁斯到巴黎各大银行家那里去，希望说服这些资产阶级巨头们支持自己的行动，因为，没有他们的鼎力相助，要发动政变是不可能的。结果，这些嗅觉灵敏的资产阶级银行家，早就从拿破仑身上看到了资产阶级的希望，巴黎大银行家巴洛拿出50万法郎，支持他发动政变。

　　1799年11月9日，拿破仑开始行动，他派军队控制了督政府，接管了政府的一切事务。第二天，拿破仑把法国议会——元老院和500人院全部解散，夺取了议会大权，并宣布成立执政府。不久，公布了法兰西共和国8年宪法，重申废除封建等级制，法国为共和国，规定第一执政（拿破仑）的权限：公布法律；并可随意任免参政院成员、各部部长、大使和其他高级外交官员、陆海军军官。

对国内，拿破仑也采取了一系列维护其资产阶级统治的措施。他用武力征讨和分化瓦解的手段，镇压了保王党的复辟活动，同时，又采取了其他统治措施，巩固了他的统治基础。

1804年12月2日，拿破仑在巴黎圣母院大教堂举行了隆重的加冕典礼，自称皇帝，将法兰西共和国改为法兰西第一帝国。之后，他又进行了一系列维护帝国统治的战争。1805年，击败了由俄国、普鲁士、奥地利组成的第三次反法联盟。1806年，击败了以俄国、普鲁士为主的第四次反法联盟，迫使普鲁士投降法国。1807年，拿破仑又逼迫沙皇俄国签订了梯尔西特和平条约，条约承认了法国在欧洲的统治。这一切，都使拿破仑在欧洲的威望大增，也严重打击了欧洲封建势力，促进了资本主义的发展。

自我放逐

作家是自由解放的轻骑兵。

——司汤达

　　司汤达不是一个狂热的拿破仑信徒，因此他的自我放逐并非是对囚禁在圣·爱仑岛上的拿破仑表示的忠诚。这种惊世骇俗之举：公然厌弃逃离自己的祖国，也使他在过去的法国文学史上名声不佳。他肯定不是由于过去的生涯被迫离开的，连皮埃尔·达碌这样的拿破仑股肱之臣都照样平安无事，谁又会来找他的麻烦呢？那么是因为他对共和主义的信仰，对自由的执着追求吗？

　　我们已经知道，司汤达有长达8年的时间陷于功名的追逐之中，无视拿破仑头上的王冠，回避侵略战争的罪恶，心甘情愿地做了君主专制和虚荣浮华的奴仆。当代的学者发现的文献又揭露了不利于他的史实：这位作家在波旁复辟后曾经向君主政体宣誓效忠！那么另一种评价，认为司汤达是求职不得、无奈才离去的说法是对的了？

其实，如果持一种客观的态度就不难知道，作为一个与其当代的历史同步的人，谁都免不了有被裹挟着走路的经历，只不过有的人走一段，有的人走一生。就司汤达的抱负来说，不就是几经变异吗？诗人——将军——诗人，后来竟想做省长。这一段历程中，司汤达有时是无畏的叛逆者，有时是冷静的旁观者，有时就无法把持住自己了。这一种反反复复的挣扎，揭示出一个人是怎样从历史上无数被湮没不计的人中凸现出来的过程。这个人的失误只是让我们倍觉亲切，要知道他的可敬就在于失误之后仍能重新找回自己，重新拥有自己。

司汤达也许是被波旁王朝入主之初的障眼法一时

←佛罗伦萨乌菲兹美术馆

→巴士底狱

迷惑了。因为这时他对拿破仑已彻底失望。拿破仑沦为专制的帝王，而波旁王朝却打出君主立宪的招牌。这才有宣誓效忠一事。可是接下来，他看到的事实却使他无法再自欺下去，愚昧的教士回来了，无知贪婪的贵族回来了，他们代表着他所痛恨的一切。于是决然熄灭了苟且之念，奔向他心灵的家园意大利，在音乐和爱情里重新粘补8年来破损的自我，重拾他的信仰——贝尔主义。

意大利人的坦率、优雅、道德约束的温和宽泛，在巴黎虚伪浮华的衬托下显得如此高贵迷人。司汤达徜徉在文艺复兴时代的艺术珍品中，愉快地读书，自由地幻想，尽情地作乐。在以歌剧院为中心的社交界，司汤达结识了许多意大利知识界的顶尖人物，如卢多维科·迪雷梅伯爵、曼佐尼·格罗西等人。这些人都是浪漫派的诗人兼雅各宾党人，正在秘密策划从外族统治中解放祖国的民族民主运动。司汤达无疑深切地同情烧炭党人等诸如此类的革命团体，可是感情像往常一样并没有影响他的判断力。经过8年官场历练的司汤达对阴谋和政治的残酷性知道得太多了，相比之下他的意大利朋友们简直称得上幼稚。不错，他们有高度的爱国热情，并且富于大无畏的精神。可是，他们在人民大众中间并没有得到广泛的响应，这一点就足以使他们尚未开始就失败了。

一方面，司汤达十分敏感地觉察到了意大利秘密警察对他的监视，为此他加倍小心地发明了不少隐语和暗语，这使他的日记和信件十分晦涩难懂；另一方面，他却同时最不小心地陷入了危险的中心：因为他爱上了梅蒂妲·维斯孔蒂妮伯爵夫人，而这位夫人是米兰反抗运动的核心人物之一。

司汤达这样写道："在我的生命里只有3次激情：

从1800年到1811年，抱负；从1811年到1818年，对一个欺骗我的女人的爱情以及和这个女人的一年……"这里所说欺骗他的女人即彼得拉格鲁阿，作为一个嫉妒的情人，司汤达不能忍受彼得拉格鲁阿的不忠（这是一个纯粹的利己主义者的论调，因为他自己亦不忠实）。而"这个女人"即指梅蒂姐。也许是因为这次感情中增加了对勇敢和信念的崇拜成分，这段爱情是司汤达一生的爱情追逐中最深刻的一次。他的《论爱情》——一本用贝尔主义的逻辑方法写成的爱情专著，正是献给她的。

　　当逃出来的拿破仑彻底败于滑铁卢之后，白色恐怖笼罩了欧洲。出版物和信件的审查日益严格。坚持只为"自己的兴趣"而写作的司汤达，为他这种罕见

→伊泽尔河畔

的令人赞叹的诚实，找到了一种独特的形式。他必须变成一个秘密的雅各宾党人和自由主义者。这种方式除了上文提到的暗语和隐语——一种在拼写上做的手脚，还有大量使用假名、更改邮戳与日期，以及在作品中不伦不类地插入专给审查官读的、虔诚的、极端的保皇主义言论。这些言论同他那尖锐的挑衅的观点形成奇异的对照，平添了一种讽刺的效果。对于这种特定时代条件下的秘密反抗的艺术，司汤达堪称大家。

司汤达在意大利四处旅行，参观历史遗迹，欣赏艺术珍品，观察人生和社会百态。然后写作了《意大利绘画史》以及《罗马、那不勒斯、佛罗伦萨》。前者与《海顿、莫扎特和梅达斯泰斯》（1814年写于巴黎）一直享有剽窃之誉。因为司汤达无论对音乐还是绘画都没有精深的研究，只是凭着对它们的热爱（也许还想出名）才生出写书的主意。然而不可否认，《意大利绘画史》的序言作为他真实人格的表露具有重要的价值。"序言"表明了司汤达在美学问题上的理性主义态度。他是认为地理环境和人文环境乃艺术特征的决定因素理论的最早提出者。那么，既然达·芬奇、米开朗琪罗的艺术是他们那个有着特定的宗教观和生活方式的历史时期的产物，后代人在完全不同的环境下却去摹仿他们不是太可笑了吗？司汤达由此把批判的矛

头指向新古典主义的达卫教派，提倡一种表现现在时的绘画艺术，为浪漫主义开辟了道路。

《意大利绘画史》受到冷落（总共售出不到200册），而且还有令人脸红的指责。那些有创见的部分也受到攻击，这倒是很自然的反应。晚些时候的游记《罗马、那不勒斯、佛罗伦萨》显得很奇特。因为它看起来不像一本旅行指南，而是回忆、印象和旅行笔记，同时也是一部关于他在意大利时研究过的建筑、绘画、音乐和道德习俗的笔记。

司汤达的旅行和调查方式十分奇特。当他到达一个陌生的城市，他首先要打听一下城里最富的12个人，最漂亮的12个女人和最受诋毁的人都是谁，然后他先和最受诋毁的人交往，接下来是女人们，最后才去结识那些富翁。司汤达混迹于热闹的歌剧院、肮脏的旅店和庄严的废墟之间，既能同贩夫走卒市井平民用俚语土语交谈，又时时凭借他的思想穿过历史与古人对话，而且，正如我们今天感受到的，他的某些会意的微笑是专门给我们——他的后辈人——看的。

在《罗马、那不勒斯、佛罗伦萨》中，司汤达通过对意大利的赞美尖锐地批判了法兰西的特性。他那自由主义和反教权主义的言论为他在英国赢得了赞誉。这本书的销路也算不错，给他带来了珍贵的几百法郎版税。由于他父亲正陷入疯狂的投机生意，他应从母亲那儿继承来的遗产大部分都被抵押出去了，他比什么时候都更需要增加收入。这书也是他能真正获利的少数作品之一。

司汤达重又寻回了信仰和自我，他通过对意大利社会现实的观察与分析表现出敏锐的判断力。他在给朋友的信中和游记里，对欧洲的政治未来做了多次"预言"。如"大约在将近1830年时，法兰西将要发生奇怪的事情"（1830年七月革命推翻了波旁王朝）；"1850年全欧洲的解放"（1848年爆发了席卷全欧洲的大革命）；还有对1845年左右的意大利民族起义的精

→佛罗伦萨皮蒂宫

确预测。

然而1821年，司汤达由于烧炭党暴动的牵连，不得不按照意大利当局的暗示，离开了这个他自由选择的祖国。在这里的7年他活得如鱼得水。虽然生活拮据，爱情受挫，可是他的思想和才智正是在这里得以小试。况且，还有苦苦追求了三四年的梅蒂妲。为了她，司汤达甚至变得十分检点。（这位了不起的女人不幸早逝）。

巴黎，回到那里需要多么大的勇气呀！

相关链接
XIANGGUAN LIANJIE

司汤达综合征

　　1817年，法国大作家司汤达来到意大利，在佛罗伦萨终日沉醉于文艺复兴时期的大师杰作。一天，他到圣十字教堂参观米开朗琪罗、伽利略和马基雅维利的陵墓，刚走出教堂大门，突然感到头脑纷乱，心脏剧烈颤动，每走一步都像要摔倒。医生诊断这是由于频繁欣赏艺术珍品使心理过于激动所致，这种因强烈的美感而引发的罕见病症从此被称为"司汤达综合征"。

　　直到今天，佛罗伦萨的医生仍会不时碰到"司汤达综合症"患者，病情严重的甚至要住几天医院。他们多半是狂爱艺术且极具鉴赏力的游客，野心勃勃，要在几天之内扫遍这座文艺复兴中心城市的艺术宝藏，结果却在接踵而来的视觉冲击中不堪重负。但意大利人对"司汤达综合征"有100%的免疫力，对他们来说，文艺复兴的辉煌，像空气一样无所不在，从幼年到迟暮，他们的生活里一直流动着达·芬奇、米开朗琪罗、拉斐尔那个天才时代的气息。

巴黎的智者

> 谢谢神，我不是一个权力的轮子，而
> 是被压在这轮下的活人之一。
>
> ——泰戈尔

1821年6月21日，司汤达以一种悲壮的心情走向巴黎。如果不是对政治的好奇，如果不是等待一场席卷这个时代的革命，司汤达怕早就自杀了。

将近四十岁的司汤达仍然是一个无根的人：没有家庭，没有产业，没有成功，没有名望。可是对司汤达是不能使用常人的度量衡的：激情使他不能忍受刻板因袭的生活，使他拒绝定位，拒绝衰老；自我批评和分析一切的思维方式又使他蔑视平庸和妥协，不容于堕落的时代。司汤达活着就要追求幸福，就要

→司汤达

←意大利米兰风光

思考，就要幻想。这个奇特的人被朋友拉到社交界的各个沙龙里，先是阴郁地沉默，然后戴上纨绔子弟、浪荡公子和善于酬酢的人的面具，找到了一种隐匿真心的方式。"我回到了巴黎，发现它很丑恶，我忍受着痛苦，产生了不要被人看透的想法。……正因为如此，我才变成了一个智者——而在1818年我爱着梅蒂妲的日子里，这种做法正是我看不起的。"

司汤达在人们眼中成了一个嘲笑一切神圣事物的玩世不恭的人。他的幽默和机智、奇特的经历：拿破仑旧部、自我流放者、匿名作者、浪子，使他成了各个沙龙中极受欢迎的人物。他用表面上的快乐与冷嘲热讽的方式掩护着激烈与尖锐的言论，似乎是一个为

了获得怀疑论者名声的厌世者。他在自由主义领袖特拉西的客厅里批判自由主义者的胆怯与虚弱，指出"只有下层社会的人民才仍然有着活力和热情"。他主张强有力地镇压保皇党，吓坏了所有的人。他在极端保守的阿古伯爵家，极为恶毒地讽刺攻击主教和教会，甚至以一种极不虔敬的方式改编《圣经》故事，把耶稣说成一个愚昧的无知小子。

司汤达的行为使他最后终于无法再在上流社会立足，把七月革命后极有可能得到升迁的路给堵死了。但是他却说："我并不后悔我失去的机会。"他不愿"为了这样一种野心，被迫去做卑劣的事情……被迫每天想出四句陈辞滥调，去取悦那些当权者！"曾在宦海中浮沉了8年的司汤达再也不会重蹈覆辙了。

虽然艺术观点已经成熟，司汤达在1823年以前一直没有专著介入文坛。1823年，随着为莎士比亚辩护的小册子《拉辛与莎士比亚》的发表，司汤达成了法国文学浪漫主义流派正式兴起的宣布者。他号召作家像莎士比亚那样用自然、平易又充满活力的形式来表现新的时代精神，表现现实的有血有肉的人。新古典主义的陈腐、刻板、虚浮的风格应立刻抛弃到历史的垃圾箱中。他是这样给两种文学风格下定义的："浪漫主义是为人民提供文学作品的艺术，这种文学作品从人民的习惯和信仰的现状出发，使人感到最大的愉快；"而"古典主义正好相反。它们提供的是使我们的祖先感到最大愉快的文学。"可谓一针见血。

司汤达在前面走得太远了，此时未来的浪漫主义领袖雨果正为庆贺王储的诞生，为讨好法兰西学院，讨好君主和圣坛而作诗。只有更年轻的人渐渐有了一点反响，而两大阵营的正式对垒在一年之后才姗姗而来。（标志是雨果的《克伦威尔》序言。）

司汤达并没有顺理成章地成为浪漫派的领袖，因为产生的这个浪漫主义并不是他想要的那个浪漫主义。在司汤达看来，雨果太过浮夸，装腔作势，充满了夸张的忧郁与感伤主义的情调。正像司汤达的朋友于勒·戈蒂埃夫人1832年写给他的信上所说的："创造浪漫主义的是你，是你赋予它纯净、自然、可爱、有趣……而他们将它变成了一个咆哮的妖怪，创造了另

← 佛罗伦萨托斯卡纳区首府

→埃菲尔铁塔

一种东西。"

司汤达要使自己的文学主张得以实现，看来只有通过一个途径了，那就是——自己写。而实际上，他也一直在写。1827年，差不多四十四岁时，司汤达的第一部小说《阿尔芒斯》诞生了。

凭着对司汤达的了解，我们知道他的首次尝试一定是反潮流的；相应地，也一定会受到那个时代的所有作品都没有荣幸得到的非议。事实正是如此。小说的确切书名是《阿尔芒斯，或1827年巴黎社会生活的场景》。还未开卷，一种现代的气息便扑面而来。司汤达告诉读者，这种小说将要探讨的是"今日道德"。

小说的主人公是20岁的贵族奥克塔夫·德·马利维子爵，是一个古老而高贵姓氏的唯一继承者。英俊、高大、聪明、博学，而且在王政复辟之后，由于对贵族的财产赔偿而十分有钱。他唯一的缺陷是他的奇特的暴躁而又忧郁的性格。由此，他的所作所为也往往是从一个极端跳到另一个极端，使人无法理解。他时而虔敬，时而放荡；时而理智，时而迷狂。后来他遇见了美丽的阿尔芒斯，一位俄国将军与法国母亲的孤女。他深深地爱上了这位姑娘，但这种能够荡涤一切烦恼与不幸的感情却对他的状况无能为力。我们被完全弄糊涂了。我们迫切地想知道什么是那个忧郁性格的原因。

阿尔芒斯与奥克塔夫终于有情人成了眷属，然而奥克塔夫的狂躁带来的阴影预示着不幸。果然，一周之后，他以去希腊参战为名离开了新婚妻子，并且在船上服毒自尽。当然，有一封致阿尔芒斯的遗书揭开了这个秘密，可是读者无缘读到。

其实这个秘密是很简单的，奥克塔夫先生是一个性无能者。起用这样一个奇特的人物作第一篇小说的主角，司汤达是够大胆的，可是出于习惯，他在处理肉欲之爱的

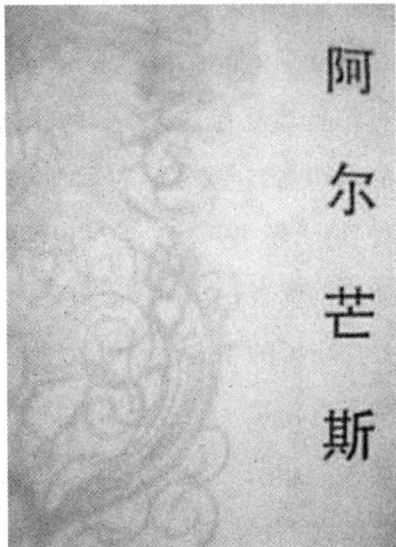

阿尔芒斯

← 《阿尔芒斯》书影

→狄德罗自画像

细节时却有所节制，所以作品才显得隐晦难懂。除了人物的独特性，司汤达在技巧、思路上都有新的突破。小说中的心理描写与分析使他的小说被划入心理现实主义。他的创作笔记表明，奥克塔夫的软弱无能被设计成波旁王朝复辟后，那个颓废的贵族与教士阶级的象征。青年人的尊严令他渴望凭借自己的奋斗获得名誉和成功，可是命运偏偏使他一生下来就拥有了世袭而来的地位，而且无法放弃。理智告诉奥克塔夫，他所属的阶级和秩序已是一座将倾之厦，新的政治力量必然会如大浪淘沙般席卷一切。可是他，除了等待被毁灭，别无选择。这就是奥克塔夫的悲剧。

小说作为司汤达的试创之作，处处显露着新手的痕迹。如次要人物的塑造缺乏细节支持，都是漫画式的；而主题的社会批判性被暧昧的描写冲淡了。不过通过这次尝试，司汤达从此进入了他一生中一个新的阶段。他已热衷于用小说来作为思考的工具，而实践也证明了司汤达本质上正是一个小说家的事实。

1828年，司汤达最困难的时刻到来了。他投稿的英国杂志《新月刊》发生经费困难，断绝了他这笔宝贵的财源。父亲的很少的遗产也渐渐耗尽。司汤达在极度忧郁中又多次想到自杀。即使这样，敏感的司汤达仍尽量避免举债。最后，作为这种经济窘困的产物，他的第一本游记《罗马漫步》产生了，这本书给他带来了1 500法郎的收入，解了他的燃眉之急。像他的第一本游记一样，这本书是不能当成可靠的旅游指南的，里面充满了司汤达的评论与奇闻逸事。在书中，他向被监禁或流放的意大利朋友们表示敬意，并且以一种令人震惊的精确性暗示了另一次革命的时间为1848—1849年。

司汤达的政治敏感不拘于意大利与法国。当他旅行到英国时，对于剧增的财富后面的日益尖锐的阶级

矛盾和日益鲜明的阶级对垒，做了这样深刻的分析："当他们在英国吊死一个强盗或一个谋杀犯，在我看来，这正是贵族政府迫使那些人成为罪犯的。这个在今天显得如此荒谬的真理，将在那吐露真情的作品被人阅读的那个日子到来时，成为无可置疑的公认的事实。"

　　司汤达已经老了，可是他也完全成熟了。在生活中，他保护着自己，不得已成为一个"智者"，而出于永远对自己诚实坦白的勇气，他却决不在自己的小说中含糊其词，因为小说是他思维的方式而不是谋生的方式。1830年春，投入了司汤达全部的热情与思想，《红与黑》诞生在革命的前夕。

→ 法国卢浮宫

相关链接
XIANGGUAN LIANJIE

司汤达妙语录

这些伟大人物曾经是戴着镣铐走上竞技场的，他们虽然戴上镣铐，依然英姿勃勃，优美动人，有些陈腐不堪的学究由此竟要法国人相信沉重的镣铐是竞赛不可缺少的装饰物。——《拉辛与莎士比亚》

这些伟大的天才曾经引起人们的惊奇和叹赏。

——《拉辛与莎士比亚》

人们通常都谨言慎行，尽管如此，人们还是要想到天才人物中一位最伟大的天才的一句名言。他们尽管采用荒唐滑稽的方式按期举行说教以歌颂这位伟大天才，可是天才是自由的，不受约束的，他对可笑的事物并不那么尊敬。——《拉辛与莎士比亚》

不管你的规则多么荒谬无理，有天才的人创作的悲剧依然可以取悦于人。这是因为，天才最后还是会找到那深藏在剧本中一下就能把我们抓住的思想宝藏、感情宝藏。——《拉辛与莎士比亚》

我和公众所敬仰的那些人，是因为他们的成就

而享有尊荣，绝不是由于他们以及那么多文学上的低能儿所分享的院士这个虚头衔。——《拉辛与莎士比亚》

公众期望一个有才能的人入选学院，而学院通常对有才能的人总是心怀忌恨。——《拉辛与莎士比亚》

伟大人物敢作敢为敢于去冒险，他取得了成功。
——《拉辛与莎士比亚》

目前的内阁缺乏智慧，这恰恰是巴黎在和平时期绝不能容忍的事情。在这个国家里，善良的人需要有威望的人。——《红与白》

我的口才和名声就像空心蛋卷一样，一个粗笨的工人会说好是好，就是不能充饥。公众期望一个有才能的人入选学院，而学院通常对有才能的人总是心怀忌恨。——《拉辛与莎士比亚》

一个具有天才的性格，绝不遵循通常人的思想的途径。一个坚强伟大的有计划的灵魂，应有权力支配一般的庸俗鄙俚的灵魂。——《红与黑》

杰出的头脑受到有益的教导，自然会产生出辉煌的成果。——《巴马修道院》

假定——尽管这是极不可能的——有这么一个

有天才的可怜人，相当大胆，居然不去模仿他的风格，那这位首席画师就会拒绝给予这个天才以任何关怀，因为他怕这个可怜人会以自己新颖的风格，引起国王、他的主人对他的艺术的嫌弃。——《司汤达》

天才只有来自人民，他们只能在贫苦的阶级里诞生。这是唯一具有蓬勃的热情和英勇的精神的阶级。——《司汤达》

作家必须同战士一样勇敢；作家不必总想到新闻记者，就像战士不要总是念念不忘伤兵医院一样。
——《拉辛与莎士比亚》

我们的青年作家，头脑简单而又喜欢雕琢，朴素单纯而又矫揉造作，善于辞令而又思想贫乏。
——《拉辛与莎士比亚》

禁止向观众提供他们所需要的感受，由此也就剥夺了独立思考的人的选择权。——《拉辛与莎士比亚》

我攻击某些作家的光荣名气，但我防止揭人隐私，这是弱者才使用的并不高明的武器。——《拉辛与莎士比亚》

真正的艺术家，对金钱当然唯有鄙夷的份儿。

我攻击某些作家的光荣名气，但我防止揭人隐私，这是弱者才使用的并不高明的武器。——《拉辛与莎士比亚》

任何推理方法也比不上把问题这样摆出来，这样明白坦率，这样卓越高尚。——《拉辛与莎士比亚》

真正的艺术家，对金钱当然唯有鄙夷的份儿。尽管她很有钱，但是艺术生涯能够摧毁一个人在金钱问题上的谨慎态度。——《费代》

明知自己画得很糟糕，还要继续画下去，这就是不诚实。——《费代》

司汤达一生力求掌握："认识人类心灵的伟大艺术。"——《司汤达》

才智，就像赴汤蹈火的勇气一样，这是唯一不可能被虚伪完全取代的一种东西。——《红与绿》

一个人只要灵巧，有什么事办不到呢？——《红与黑》

在一切事业里，都需要聪明的人，总是有工作要人做的。——《红与黑》

聪明的男子，往往有着一副忧愁的外貌。——《红与黑》

《红与黑:1830年纪事》

小说是一面大路上的镜子。

——雷阿尔

　　《红与黑》的故事来源于1828年10月的一份公报，这是关于司汤达家乡格勒诺布尔巡回法庭上审理的一桩谋杀案。案犯是格勒诺布尔神学院的青年学生安托万·裴尔特。曾在一个贝尔家族所熟识的富有的米舒律师家做家庭教师。他处心积虑地勾引到了米舒夫人，事情败露后出于家庭名誉的考虑，他没有受到追究，而是仅仅被解雇了事。裴尔特于是又得以在另一个贵族家里找到了同样的工作，并且故伎重施，又引诱了主人的女儿。这一次他就没那么运气了，女仆揭发了整件事，使他不仅失去了工作而且被神学院除名。这个丧失了前途的青年随即拿着手枪来到米舒夫人每天要去的教堂，向她连发两枪，然后自尽。结果他只受了一点轻伤，不得不面对审判。

　　司汤达感兴趣的是这个案件所体现的那种道德因

素。裴尔特对他在引诱过程中所使用的策略与手段供认不讳，他坦然承认，"爱情"只不过是一种借助女人来实现野心的手段而已。

　　司汤达在这个案件中敏锐地看到了在下层阶级中孕育的骚动与不满。他把这个案件与他一直思考的法国19世纪以来30年的政治联系起来。司汤达曾经历了3次革命和数次政权更迭。1815年，王政虽然复辟了，但是法国大革命就其施加在人民思想上的影响来说，已经开辟了一个新的世纪。在人们的内心深处，宗教的蒙昧已经没有立足之地，等级也不再只是与出身血统有关。工业革命带来了科学精神、民主观念和功利思想，这些已成为新世纪不可阻挡的主流。拿破仑的时代给一个平民子弟可能在36岁当上将军的机会，工业化的时代则使一个企业家和商人成为名流。夹在这样两个时代中间的

→圣安德烈大教堂

1815—1830年18年的王政复辟时期，除了拥有"蓝色血液"（世袭贵族身份），人们只有一条路通往上层，那就是做一个教士。如果他足够狡诈和运气，那么到了40岁时，他可望升到主教，这意味着10万法郎的年薪——相当于拿破仑手下著名将军收入的3倍。

裴尔特生在这个时代，他的道路无疑是经过明智权衡的结果。这也是实现野心的唯一选择。在这唯一的希望破灭之后，我们很容易理解他毁灭他人与自身的疯狂行为。

司汤达无疑看到了历史的大趋势以及它的曲折性。他不是一再暗示到那场即将到来的革命吗？——甚至时间精确到1830年当年。15年的王政复辟在司汤达看来并不是历史的简单倒退，这其中孕育着历史将要再一次突进的革命因素。这是一个尴尬的时代，生活在这个时代的青年是不幸的，崇高的英雄传奇已成往事，庸俗的爆发气息腐蚀人的精神。在这中间，成功只是欲望的追求，成功只是生存的需要，侈谈理想已太不合时宜。

于连·索黑尔，这个打着司汤达戳记的人物，就生活于这样一个时代。于连的父亲是维立叶尔一所锯木厂的厂主，一个贪婪、暴戾的资产阶级小市民。这对父子的关系很奇特，做父亲的痛恨儿子，原因只是

→卢梭

于连的身体很单薄，对锯木厂的活计帮不上手，偏又性喜读书，而老子非但自己目不识丁，对书本也极端仇视。老索黑尔经常为了干活、读书这一类事儿痛打于连。于连的家庭好像一个弱肉强食的小社会，简直是资产阶级本性的大特写。在这个家庭里，只有于连拥有丰富的感情和幻想的热情，因而只有他是异己分子，是所有人讥笑和欺侮的对象。于连在这样的环境中长大，身遭的痛苦和仇恨在他心中培养了强烈的叛逆意识。但是由于年幼力单，他小心地掩盖着复仇之念，默默地隐忍着，窥探着机会。

不难看出，司汤达在写自己的早年生活。童年的于连，索黑尔的感受不就是童年司汤达所感受到的吗？贪财而冷酷的父亲（除了没那么暴戾），早逝的母亲带走爱和温情，在书本中寻找安慰，这不就是司汤达吗？在小说中，司汤达也给于连·索黑尔找到了一个庇护所，好完成对他叛逆之心的引导。这是一位拿破仑的旧部，一位军医，他当然是位共和主义者。昔日的军医关心于连，把自己的经历与信仰全然披露给他，甚至为了让于连有时间读书付工资给老索黑尔。在这个人物身上处处可见甘尼永医生的痕迹，少年司汤达就是在他的书架旁感叹自己生不逢时的。

于连所受的这段教育除了进一步提高他的智能和勇气，总体上对他的一生却无疑是"有害的"。它使共和主义和英雄主义在他的心中牢牢生根，它们汇合着他的叛逆精神使他站到了特权阶级的对立面。于连从心里仇视和蔑视夺人自由与尊严的统治集团，他复仇的欲望悄悄燃烧在伪装的谦恭之下，可是，伟大的革命时代已经过去了，这些不合时宜的思想与现实一碰便会粉身碎骨。不，它们不可能令他逃出冷酷的家庭、卑微的地位，它们也不能给他想要的光荣。他本不该让它们在心中扎下根来，在那个时代，拥有思想是一件不幸的事。为了野心，于连必须走另一条违心的路径，而要成功，最好彻底地愚昧。他的思想像是怀揣的一颗炸弹，早已定好了时间。

于连想要为自己争得一个分庭抗礼的地位，只有把目光投向教士的黑袍。"红"与"黑"，司汤达用两种象征性的颜色概括

← 《忏悔录》书影

忏悔录
第二部

了这个时代的特征。"红"是指共和国和第一帝国时代士兵们的军服，"黑"指教士的长袍。于连富于上一代的红色气质，却不得不费尽心机争取黑袍集团的接纳。

在为数不多的关心于连的人中，一个正直善良的冉森派教徒，年迈的西朗神父成了于连的启蒙老师。于连从他那学习拉丁文，靠着惊人的智能与毅力，一部《新约全书》他竟能用拉丁文从头到尾熟记于心。渐渐地，于连的博学和"虔诚"在维立叶尔有了名声，终于给他带来了德·瑞那市长的聘书。于连实现了他计划的第一步，离开了他那冷酷的家庭。

德·瑞那出身贵族，兼营制钉厂发了财，因此兼备贵族的傲慢与资本家的鄙陋自私。这样一个人怎么肯破费钱财请一个家庭教师呢？这里就又引出另一个人：哇列诺，一个靠剥削贫民寄养所的穷人发迹的流氓。德·瑞那为了让哇列诺丢脸才把于连请到家里来，在他眼里，家庭教师像房子饰物一样，是财富和地位的一种证明。

哇列诺这个人物的塑造又一次证明了司汤达的政治眼光。司汤达是把哇列诺作为暴发的大资产阶级的代表来写的。哇列诺与德·瑞那的明争暗斗，实际上就是强弩之末的贵族阶级与大资产阶级的较量：哇列诺的荣升和德·瑞那的垮台预告了1830年七月革命后法国的形势。

可是愚蠢的德·瑞那还不知道引进门来的是一个可怕的复仇者。这个复仇者要求为他被践踏的童年向那些幸运的人，为他得不到保障的自尊向整个傲慢的上流社会报复。而他由于非凡的冷静与伪装，由于很难被收买，将是一个最最可怕的复仇者。他的猎取对象是德·瑞那夫人。

他知道他可以利用什么。作为一桩从利益出发的婚姻的主人公，她不曾享受过爱情；作为一个世俗的妻子，她从未领略过关心与情趣；作为一个虔诚的耶稣会教徒，她深深地埋葬了一切正常的欲望。德·瑞那夫人，这是于连为自己指定的要去攻取的第一座高峰：去猎取这样一个高贵美丽的女人，仅仅为了让高高在上的贵族颜面扫地！

这个文秀的青年最初只在夫人心里唤起了一种类似母性的感情。他是那么文弱、腼腆、茫然，善良的夫人出于怜惜之心亲切地对待他。然而不久，于连的智慧和强烈的自尊心就令她刮目相看，并深深地折服了。与于连相比，德·瑞那市长的卑鄙、粗俗与自私一下子变得不可忍受。于连像一阵清风吹开了她眼前多年的迷雾，使她看清了自己的生活，而看清了之后，就不可能再自欺下去了。夫人从未怀疑过于连的诚意，

在她眼里，于连和阴谋是永远不会连在一处的。在这个战役里，于连的对手不是夫人的疑心，而是夫人的信仰。作为一个在耶稣圣心会的女修道院长大的女子，禁欲主义的影响根深蒂固，地狱的阴影时刻悬心。所以当夫人最后屈服于于连的追求时，于连战胜的不是贵族的骄傲，而是教会的精神桎梏。也正是从此我们才看到二人恋爱的基础：高尚的品格冲淡了德·瑞那夫人的阶级意识，甚至淡到可以忽略不计的地步，从而使于连那强烈的平民意识找不到挑衅的机会。同时，宗教虽然深深影响着她，但也只是令她谦卑畏惧，却不能令她麻木冷酷。正是这位高洁的女人的痛苦征服了于连，而于连的真爱流露又使读者原谅了他的不择手段。

→卢梭生活过的阿纳西

这得来不易的爱情注定是不能长久的。先是一个嫉妒的女仆的告发。她写了一封匿名信给德·瑞那。幸亏女人十分机智，她指示于连伪造了第二封信，并让德·瑞那"看出"这是他的死敌哇列诺的诡计，目的是要把多才的于连挖走。计策成功了，于是于连不得不远避一时。一场虚惊刚刚过去，最后的分别却又来临：于连进贝尚松神学院的时候到了。

入会的一章是小说最有力的篇章之一。在这里，司汤达对所有这样的神学院进行了尖锐的控诉。这个"神圣"之地培育的不是信仰，而是阴谋。作为正直的冉森派教徒，西朗神父的挚友彼拉院长受到耶稣会教士的排挤。而于连作为彼拉所信任器重的人，也陷入

STENDHAL/LOVE
司汤达论爱情
英中文双语读本
[法] 司汤达 著

→拿破仑

了耶稣会教士们的监视与迫害之中。他的才智甚至"思考的样子"也受到嫉恨。他不得不更小心地克制自己，用百倍的虚伪来营造百倍的虔诚。尽管于连坚忍地扮演着他的角色，孤独地迎战四面八方而来的迫害；即使他"进神学院之后，他的行为，只是一连串的虚伪，"但他的思想仍时有泄漏，所以，"在他的许多同学的眼里，他是一个自由思想的人"。

幸亏彼拉神父的保举，于连得以来到巴黎，做了德·拉·木尔侯爵的秘书。侯爵是国王的部长，位高权重，刚刚在教士集团中完成他的第一次洗礼，于连又杀入了上流社会的中心。此时的于连固然已不复是那个初踏入德·瑞那家大门的乡下少年，德·拉·木尔府也远非一个外省贵族的排场可比。富丽堂皇的陈设，穷奢极侈的铺张，高雅周全的礼仪，这一切仿佛一个令人目眩的涡流向于连涌来。于连"终于来到阴谋和伪善的中心"，自此，少年时只是抽象模糊的野心和欲望才一下子具体了，或者说膨胀了。野心渐以物欲权势的形式出现，于连的平民意识在被一点点蚕食着。他最大限度地运用自己的才智，为巩固这个他曾发誓报复的集团而奔波卖命。他一度仿佛已成了这个集团的一员。德·拉木尔侯爵越来越信赖和倚重于连，他被派赴各种重要使命，被接纳参与各种阴谋，被提升、加薪和授予十字勋章。

如果说于连为自己晚生了20年而遗憾的话，玛特儿·拉·木尔小姐恨不得自己托生在中世纪。对于她的阶级和时代，这也是一个奇特的例子。玛特儿不可能具有一种历史家的眼光，看到贵族阶级不可避免的覆灭，可是她对于周围所谓"上流社会的精英"的了解无疑是透彻的。她轻蔑地分析着他们，看到高贵的

→亚里士多德

爵徽和堂堂的仪表下懦弱的性格、乏味的谈吐和单调的趣味。她知道如果再来一次平民的暴动，这些贵族绝对不堪一击。平民的于连怀念的是平民的英雄时代——大革命和拿破仑时期，贵族的拉·木尔小姐向往的自然是贵族的英雄时代——中世纪骑士时期。

　　玛特儿崇拜的英雄是她的一个祖先——波里法斯·德·拉·木尔。这个青年贵族因为一个严重的政治事件，于1574年4月30日被斩首示众。尤使玛特儿感动的是，这位青年的情人，皇后玛嘉锐特·德·那发尔，在行刑后怀抱着死者的头颅，连夜亲手安葬。为了纪念心中的英雄，玛特儿每年4月30日都要有穿丧服。其向往之情虽然源自无聊，发于追求浪漫和猎奇之心，毕竟从另一侧面揭示了历史发展的某些无法掩饰的真相。

同德·瑞那夫人不同，玛特儿的阶级意识十分强烈。她对于连产生兴趣是缘于于连对她的冷淡，这伤害了她的骄傲。所以在一开始，她是把于连作为一个对手来征服的。而在于连方面，小姐贵族的傲慢引发了于连的平民意识，结果于连也把小姐当成一个敌人来征服。这一场较量贵族和女人输了。于连和玛特儿之间的"战斗"由于各自出发点不同，注定要产生一个怪圈。在某种程度上又可以看作是两个阶级在精神上的较量。

总之，玛特儿小姐爱上了于连，并且以身相许。这是老拉·木尔侯爵万万预料不到的。因为他虽然器重于连，心底里还是视为走卒。可见，于连的平民意识也不是凭空存在的：一个如此了解并借重于连的才智与操守的贵族尚不能无视他的出身，于连在别的贵族那儿的待遇也可想而知。所以我们更理解了于连的复仇心理，他将玛特儿的求爱信留下抄件之举，虽不

怎么光明磊落，但也是不得已而为之。正是这封信击败了老侯爵，他立即行动起来，为于连请封号，以使他们尽快完婚，压下这一丑闻。

可是于连不该让老侯爵写信给德·瑞那夫人：调查自己的情况。可以理解，当于连做此建议时，他是深信夫人会尽量为他美言的。然而一帆风顺的于连这次失算了。在这个于连一无所知的较量中，宗教成了绝对的赢家。夫人在忏悔教士的哄骗之下写的信，把于连说成是道德败坏、专门为了金钱与地位勾引女人的恶棍。这一切正中木尔侯爵下怀，他马上取消了婚事，令玛特儿秘密生下孩子。于连则动身回到维立叶尔，藏身在教堂的柱子后，向德·瑞那夫人连开两枪，然后主动到警察局自首："我犯了蓄意杀人罪，根据刑法第 1 342 条，我知道我应判处死刑。"

于连认为自己受到了"最大的侮辱"，所以才枪击德·瑞那夫人。被自己的爱人出卖，并且出卖给他的敌人，这在于连看来是一种"最大的侮辱"。他为自己平民的骄傲而复仇，并不仅仅是为了野心的破灭而复仇。可是当他坐在监狱里，回忆他短暂的一生时，他深深地懊悔了。最懊悔的是对德·瑞那夫人的伤害。野心蒙蔽了他的心灵，使他把本应指向敌人的枪口对准了自己的爱人。是这两枪惊醒了他，他又重新找回了爱情和自我。面具被抛弃了，他只向爱人和自己的良心忏悔，而对于教会和贵族，他守卫着自己平民的骄傲，坚决不肯表示投降与悔过。他在法庭上高傲地说："……先生们，我没有荣幸地属于你们那个阶级。你们可以看见我是一个乡下人，不过是对自己处境的微贱，敢作反抗的举动罢了。"

"我不向你们请求任何的恩惠，我一点也不幻想……我的犯罪行为是残暴的，而且是蓄谋的，因此我是应该定死罪的。但是，陪审官先生们，即使我的罪没有这样重大，我看见也有许多人，不会因为我的年少而怜惜我，他们愿意惩罚我，借我来惩戒一般少年，——出身微贱，为贫穷所困厄，可是碰上运气，

←莫里哀受洗地

稍受教育，而敢混迹于富贵人所谓的高等社会里的少年。

"先生们，这便是我所犯的罪行……因为事实上，我绝不是被我的同阶级的人审判。我在陪审官的席位上，没有看见一个富有的农民，而只是些令人气愤的资产阶级的人……"

这个单枪匹马与整个上流社会作战的"不拿剑的拿破仑"，义无反顾地走上了自我毁灭之路。这是一个盲目的利己主义的反抗者的必然命运。我们为他惋惜，但同时也更尊敬他。通过在生命和尊严之间进行选择，于连在精神上战胜了他的敌人。这个熠熠生辉的形象，通过深深根植于特定的历史时代，通过细腻的心理刻画，通过对不可调和的内在矛盾的揭示显得真实可信。在这个人物身上，我们看到了作为预言家和说真话的人的司汤达。

司汤达自己则说："于连·索黑尔就是我。"

作为于连的原型，司汤达的性格正是一方面善于理智的自我剖析，一方面富于激越的行动性。不过他能够在艺术中调和自己性格中的矛盾之处。更重要的，他能够预见到一个比较有希望的未来时代，能够看到一场带来希望的革命，能够对历史的前进性充满信心。

《红与黑》完成于1830年春的"七月革命"前夕，

发表于革命的几个月后。七月革命使这本异端邪说免于被查禁的命运，但却不能使它同样免于严厉的谴责。朱尔·雅南，当时最负盛名的文学批评家之一，称它是"解剖恶德败行

← 莫里哀长眠的公墓

的手术观察间"和一种"对人类心灵的诽谤"。梅里美，司汤达年轻的追随者也拒绝为他辩护。司汤达被视为败坏道德的恶棍。可是批评界的反应表明他的作品不再受忽视了。实际上，《红与黑》幸运地售出了1500本之多。

《红与黑》的艺术手法的创新同它的内容的大胆同样引人注目。这部作品的魅力主要在于深刻的心理分析，而不是过多借助构思技巧本身。司汤达精确地分析了人物的动机与感情，从而使他的主人公更接近生

← 意大利比萨斜塔

活，更有血有肉。在这方面司汤达又是一个捷足先登者，只有在漫长的半个世纪之后，陀思妥耶夫斯基才显示了同样的洞察力。司汤达在以大仲马为标志的浪漫主义传奇的全盛时代，创造了心理现实主义的方法。这是个永远超越他身处时代的革新者和预言家。

　　这场司汤达预告已久的革命所带来的结果同样验证了他的预言。国王的堂兄弟奥尔良公爵路易·菲利浦，作为一种妥协的产物即将登台，法国的实权落入了金融资本家的手中。司汤达此时已囊内空空，衣履凋敝，他能从掌权的自由党朋友那儿得到些什么呢？

领事和秘密写作

> 我将我的作品看作是抽彩奖券，并只
> 希望在1900年再版。
>
> ——司汤达

新政府给司汤达的职位是领事——在当时属于奥地利管辖的特里雅斯脱。虽说薪金蛮不错，可是司汤达十分失望。他原指望成为一名高级行政官员的，而到手的却只是个四级外交官的任命。几乎是一种流放。其实，只要司汤达回忆一下1821年初回法国时的不检点言论，就应不抱太高的期望。七月王朝是一个妥协的政权，像他这样的人永远是危险人物，即便任用也要伴随着猜忌。

对这个任命不满意的绝不只是司汤达自己，奥地利的秘密警察也对这个著名的共和分子表示了极大的不信任。当他们发现他就是那部邪恶的《红与黑》的作者时，巴黎立刻收到了要求换人的外交照会。于是司汤达被调往罗马城外的海滨小城西雅达—维基亚，

从而置身于红衣主教团的密切的监视之中。

领事先生已年近5旬了，可是年老并不能妨碍他精心修饰自己、追求女人。在几次恋爱中，用一生大部分时间来反对婚姻与家庭制度的司汤达一改初衷，竟然有两次提出了求婚。也许命中注定他要一个人走到终点，两次求婚都以失败结束——一次是由于太老，另一次则是因为名声太糟。

在没有听众、很少谈话对手、十分闭塞的住所，司汤达很快就感到了厌倦。他像一条搁浅的鱼，极度向往着巴黎。要知道政治漩涡才是他感兴趣的地方，而在这个乏味的小城，他感到脑子好像都要锈住了。这个职务不需要一丁点儿的才智。在任职的最初两年，司汤达还兴致勃勃地观察北部意大利的政局、罗马教廷的人事，以一种十分传神而精确的方式报告给外交

→杜伊勒里宫

部长，并且附带着许多高明的建议。可是这些了不起的外事报告被尘封在档案馆中，只是在 70 年后，才受到像阿尔贝·索雷尔这样的历史学家的赞叹。

在极度的孤寂中司汤达不禁又陷入了惯有的自我分析，他悄悄对自己说："我很快就要 50 岁了，这是我了解自己的最好时机。""我应当写出我的一生，这样，我也许就能知道我是什么人了。"

从此，司汤达开始秘密写作他的传记——之所以如此是由于他顾忌到自己的职务。经过几次中断，他给我们留下了《亨利·勃吕拉的一生》以及《一个利己主义者的回忆》。《亨利·勃吕拉的一生》只写道他17 岁，而《一个利己主义者的回忆》也只是他 1821 年到 1826 年巴黎生活的断片。可是这也已足够了——对于我们认识司汤达对自己惊人的诚实和坦白。他决心描写自己所有的弱点、缺点、不洁的念头以及卑劣之处。这是一种真挚的利己主义，其中表现出的热情与欢快将冷酷的因素和谐地中和掉了，读起来趣味盎然。司汤达还为许多人画下了简洁传神的速写，以致后来他的遗嘱执行人建议不要出版这本书，因为它指责了许多活着的人。直到 50 年后，这两本书才分别于 1890年与 1892 年付梓。

司汤达自写作了《阿尔芒斯》和《红与黑》之后，

→马赛曲浮雕

已开始觉得小说是最适合他需要的工具，不仅可以照见人生大路上所能看到的一切事物，而且还可以充当一个他观念的最方便的储藏器。最后，他可以通过小说对自己进行一种无尽的自我陶醉的思索，以排遣西维达—维基亚的单调乏味。

早在两本自传的写作期间，他已将两年中的大部分时间投入到一部新小说中去。这部小说没能写完，名字叫《吕西安·娄万》。主人公具有典型的司汤达性格：像龙骑兵般的勇敢，像诡辩家一样精巧，像女人般敏感。这也是司汤达小说所有主人公的基本相似之处。抛掉出身和其他方面表层的差异，他们都可以还原到司汤达本人。

是的，司汤达的小说在某种意义上说很少虚构。

马赛曲

缘分简谱：www.yf66.com

[法] 李 尔 词
宫 愚 译配

1=C 4/4
有力地 进行曲速度

5 5·5 | 1 1 2 2 | 5·3 1 3·1 | 6 4 - 2·7 |
前进！法 兰 西 祖国的 男 儿，光荣的 时 刻 已 来
神圣的 祖 国 号召 我 们，向敌人 雪 恨 复
当父老 兄 弟 英勇地 牺 牲，我们将 战斗得 更 坚

1 - 0 1·2 | 3·3 3 4·3 | 3 2 0 2·3 | 4·4 4 5·4 |
临。 专 制 暴 政压迫着 我们，祖国 大 地的痛苦呻
仇， 我 们 渴 望珍贵的 自由，决心 要 为 它而战
定， 亲 手 埋 葬烈士的 尸骨，追随 他 们的足迹前

3 - 5·5 | 5 3·1 5 3·1 | 5 - 0 5·7 | 2 - 4 2·7 |
吟， 祖国 大 地的痛苦呻 吟， 你可看见那 凶狠的
斗， 决心 要 为 它而战 斗， 看我们高举 自由的
进， 追随 他们的 足迹前 进， 我们不再 羡 慕

转1=♭B
2 1 ♭7 - | 6 1·1 1 ♭7·1 | 2 - 0 0 7 |
敌 兵 到 处在残杀人 民！ 他
旗 帜，胜 利地迈着 大步前 进， 让
生 命，却 愿战死在斗争 中， 能

（前2=后7）
1·1 1 1 2·3 | ♭7 - 0 1·7 | 6·6 6 6 1 ♭7·6 |
们从你的 怀抱里， 夺 去你妻儿的
敌人 在我们脚底下， 听 我们凯旋的
为 他们复仇而牺 牲，我 将 会感到无尚

转1=G （前♯5=后7）
6 ♮5 0 0 5 | 5 - 5·5 3·1 | 2 - - 0·5 |
生命。 公 民！ 武 装 起 来！ 公
歌声。
光荣。

5 - 5·5 3·1 | 2 - - 5 | 1 - - 2 3 - - 0 |
民！ 投 入 战 斗！ 前进！ 前进！

4 - 5 6 | 2 - - 6 | 5 - 0 3 4·2 | 1 - - 1 ‖
万 众 一 心， 把 敌 人消灭净！

马赛曲简谱 →

他在报纸或历史中借用一个事件，然后移植到他自己的生活中去。中心议题永远是：一个年轻人的人生教育；在生活经历的打击下，他的思想与性格的成形；他初次在现代社会中登场。如果说于连·索黑尔是处在怀恨反抗情绪中的司汤达的话，吕西安·娄万则是更优雅更富同情心的理想化的司汤达。

吕西安比于连·索黑尔幸运多了，他出身好：父亲治理着巴黎的一家大银行，而且是个仁慈的哲学家，善于对流行的观念进行睿智的嘲讽。但是他也是个对于自己出生的年代不满的青年，像于连一样，他感叹生不逢时，没有赶上大革命和拿破仑帝国战争。在七月王朝这个商人与银行家操纵的欺骗与腐败的年代里，吕西安浪漫的理想主义的灵魂是如此不合时宜。所以当他作为一名共和主义反叛运动的参加者被开除出校时，我们一点都不惊讶。吕西安决定进入军队，获得军事经验，以便有朝一日为人民的事业效力。这样，他成了一名骑兵少尉。

他发现军队的情形一点儿也不比其他地方强，甚至更糟。这儿充斥着愚蠢和无聊，且根本没有机会获得他的军事经验，因为军队只被用于征讨贫民区的工人。在父亲的激励下，他决定把军人生涯当作一种挑战来接受，藏起真我，学习用一种虚伪的方式来获得成功。

于是吕西安的随声附和和鹦鹉学舌具有一种奇妙的讽刺效果，那个时代理智的混乱程度因此也纤毫毕现。对于这个处在内心的极大痛苦中的青年，爱情及时带来了它的安慰。

这位高洁的巴蒂德·德·夏士特莱伯爵夫人，不难看出，是比着米兰的梅蒂妲·维斯孔蒂妮的尺寸复制的。由于当地贵族和耶稣会教士的阴谋（总是他们！），吕西安对巴蒂德的品行产生了怀疑，绝望地抛弃军职回返巴黎。

手眼通天的老娄万安排儿子给内阁大臣当秘书，并且教训他要培养足够的邪恶，因为只有高超地摆弄

← 圣彼得大教堂

诡计才能"窃取金钱"。吕西安企图用狂热的工作忘记失恋的痛苦，于是读者得以窥见七月王朝的内幕。没有一个小说家像司汤达那样深察上层政治。通过直接对狡猾的老国王起作用的老娄万的故事，写出了这个民族的政治上的分裂、各集团使用的花招、通过宫廷来实施的金融阴谋，以及用欺骗来控制社会舆论的全部艺术。

吕西安凭着聪明和向格朗代夫人示爱获得了某个有权的位置，但在他的内心深处仍常常受到良心与巴蒂德的折磨。这种折磨终于令他痛下决心放弃野心，动身去找巴蒂德。小说至此中断了，小说计划的笔记安排的结尾是：吕西安和巴蒂德冰释误会，在意大利过着美满幸福的生活。

因为司汤达打算回法国去搜集更多的政治内幕的细节，小说第三卷没有完成。而由于其中明显影射了一些大人物，如陆军部长苏尔特元帅，又延迟了它的发表。这种种原因终使得这幅巨卷只是在1901年才以残缺的面目与世人见面。

司汤达越来越老了，他也越来越担心自己最终会孤独地客死在这个异国的海滨。由于朋友的帮忙，1836年5月，司汤达安排好他在西维达—维基亚的临时代理人，启程离开了已失去往昔风味的意大利。

相关链接
XIANGGUAN LIANJIE

司汤达妙语录

我们不能说他缺少聪明，他是又精明又狡猾。热情和诗意在这种性格里不可能存在。——《红与黑》

天才比庸才真正高明的地方在于：他们不拘泥于一大堆小措施，他们明确果断，大刀阔斧，采取一通百通的行动。——《红与白》

没有与年龄相称的智慧，便有与年龄相称的不幸。——《红与白》

我如果宽容那些内阁部长，就将葬送我足智多谋的名声。——《红与白》

极度的腼腆，如果与才智结合在一起，会使人用热情所产生的全部洞察力去思考事态最细小的情况，而且使才智更为增色。——《费代》

有才就无福。——《费代》

一个聪明人遵循着高尚的原则做人，哪怕是出自真心诚意，从某一方面来说，他仍旧跟伏尔泰和卢梭沾亲带故。——《巴马修道院》

可是你要知道，我的亲王，在这个时代，光有上天给你的权力是不够的，必须有超人的才智和坚强的性格才能当专制君主呢。——《巴马修道院》

一个人越是高尚，越是机灵，所犯的错误也就越多。——《社会地位》

奇特中有时也不无才智。——《社会地位》

不能和那些不动脑筋的人在一起生活，不论他们是多么德高望重。——《司汤达》

对聪明人无需多言。——《拉辛与莎士比亚》

他具有能使学者感到惊异的完美的思想和独立判断事物的能力，而这正好补充了他知识的不足。——《卡斯特洛的女修道院长》

蠢人，不过是些不幸降生的人罢了。——《阿尔芒斯》

在一群颠倒黑白，挖空心思用低级的笑话玷污一切高尚事物的蠢人面前，叫人怎么谈真善美和荣誉这种事呢？——《红与白》

我不愿意使用卑劣无耻的手段，但是，我将不惜一切去争取胜利。——《红与白》

如果我不成功，所有的傻瓜，尤其是别的骑兵将领将取笑我，但是，如果我确实满腔热血，为夺

取胜利做了公认不可能做的事，我的良心将因此得到安慰。——《红与白》

我的名望保证我能成功。——《红与白》

他的态度庄严以极，差不多显出痛苦的表情来了。这种态度对于某种人最适宜，当他们看清楚了自己内心热望着的事情的成功，面孔上就现出这种表情来。——《红与黑》

你此生的事业是艰苦的。我在你的本质上看见有些性格是冒犯大众的。忌妒和诽谤，将永远追逐着你。不管上天把你放在什么地方。你的同伴们将永远用恨恶的眼光看着你。如果他们假装爱你的话，那将是更迫切地来陷害你。——《红与黑》

要让他有所作为，就不能让他发迹成功。——《A——想象》

名誉脆弱娇嫩有如花朵。——《拉辛与莎士比亚》

《意大利遗事》与《巴马修道院》

　　我所了解的人生，多从零星而来，来
自实例者多，来自玄虚者少。
　　　　　　　　　　　　——李　敖

　　司汤达在巴黎的闲职每年支半薪5 000法郎，这使
他在国内轻松地呆了好几年。利用这段时间，司汤达
向两位女人求过婚——都失败了；游历了整个法国，
并写作了他的第三本游记《一个旅行者的见闻录》
依然是评论界的批评和作品发行量双丰收。

　　司汤达有一个准备了很长时间的写作计划，就是
把他精心搜集到的一组意大利见闻录改写成法文。到
他动笔时，这些意大利文的手抄本已积累了大约100
卷之多。1837年，司汤达和《两世界评论》编辑弗朗
索瓦·比洛兹达成发表协议，并于两年后出版了单行
本。

　　我们今天见到的短篇集《意大利遗事》并不是司
汤达亲手编订的。由于编订者取舍不同，篇目往往因
人而异。李健吾先生译、上海译文出版社出版的《意

大利遗事》收录了8篇小说。其中5篇发生在16世纪，2篇发生在18世纪，1篇取材于其同代生活。出于对8篇小说的主人公共同性格特征的考虑，编订者并未拘于年代。想想司汤达对意大利人的看法（即他认为19世纪的意大利仍保留着文艺复兴时期人的自然激情），这一种选本应是近于司汤达之初衷的。

司汤达说："自从15世纪以来，可憎的专制政体沉沉地压在意大利人民身上，仅仅给他们留下一个品德：力量。这种品质往往具有罪恶的面貌……"是的，文艺复兴时期，人性还没有被工业革命带来的精细分工分裂成碎片，那时的人性是比较完整的，贯穿着最原始、最基本、最粗野的反抗情绪。荣誉感、情欲、贪婪、放肆，每一笔都可以用最浓重的色彩来描画。这种反抗不是消极的以婉转哀鸣为终点，而是见于激越狂暴的行动，往往伴随着鲜血和死亡。其中崇高与邪恶，革命与犯罪的因素交错并存，一种激情在正邪之间摆动。根本否认公认的行为规范。

司汤达认为，正是这种敢作敢为的勇气产生了文艺复兴的伟大成就。所以在他的笔下，这种鲜血淋漓的故事充满了诗意和浪漫主义精神。这里向读者介绍其中的两篇。

《法尼娜·法尼尼》是最早的一篇，1829年发表于

→卢浮宫的胜利女神

《巴黎杂志》，副题是"教皇治下发现的烧炭党人末次密会的详情"，表明取材于同代生活。主人公是法尼娜·法尼尼，罗马的一位郡主，有倾城的美貌和配得上她的财富地位的傲气。同玛特尔·德·拉·木尔小姐很相像，这位富于激情和浪漫气质的郡主嘲笑每一个求婚者，却爱上了一个平民。这个青年是个外省外科医生的儿子，一个年轻的烧炭党人：彼耶特卢·米西芮里。米西芮里从监狱出逃时受了伤，法尼娜的父亲把他藏匿在家里。这个机密在一个偶然的机会被法尼娜发觉了。最初她还以为他是个遭受某种不幸的人，后来知道真相并爱上了他。在精心的照料与极度的幸福中，米西芮里迅速地康复着。可是随着身体的复原，米西芮里也面临着痛苦的抉择：要爱情还是要祖国？是躺在罗马最美的人的怀里，还是继续为意大利的自由疲于奔命？他永不能忘怀发生在布里西亚的那一场对白：向拿破仑致辞的布里西亚市政官员对拿破仑说："布里西亚人爱自由，远在其他所有意大利人之上。"而拿破仑则轻蔑地答道："是的，他们爱同他们的情妇谈自由。"这句话如鲠在喉，时时提醒着米西芮里。他在心里对他的祖国说道："意大利，你真太不幸了，要是你的子女为了一点点小事就把你丢了的话！"这样，这位坚定的革命者毅然割舍了无法割舍的柔情，重又踏上了征途。

最初，法尼娜毫不怀疑自己在爱人心目中永远第一的位置，所以她全力以赴地支持米西芮里。渐渐地，法尼娜发现祖国的解放事业已占据了爱人的心，

爱情和她变成了次要的事。这位郡主的傲气不允许如此的"冷遇"，她开始诅咒他的事业。米西芮里在沉重的工作压力之下说了一句："这件事要是不成功，再被政府破获的话，我就离开党不干了。"这话被法尼娜暗暗记下，她开始设计机关，要把她的情人"夺"回来。

由于法尼娜的告密，烧炭党人的10名核心组成员被逮捕，其中一人投井自尽。米西芮里万念俱灰，但他并未如法尼娜所想回到她身边，而是向政府自首了。因为他不愿被同志们嫌疑为叛徒。可以想见这一下对法尼娜的打击。弄巧成拙的法尼娜使出浑身解数疏通关节，甚至不惜以婚姻做诱饵，终于换得了米西芮里的不死。在探监时，法尼娜见到的是一个被磨难历练得更为坚定的革命者。米西芮里告诉她，自己将要把一生都献给自己的祖国：要么死在狱中，要么想法子把自由带给意大利。法尼娜的骄傲使她无法忍受这种"离弃"，在极度气愤之下，她丧失了理智，把一切全盘托出。法尼娜永远失去了他，不得不黯然离去。不久，法尼娜·法尼尼郡主与堂·里维茨·萨外里爵爷的联姻轰动了罗马。

无论是米西芮里的操守，还是法尼娜的骄傲；无论是崇高的事业，还是狭隘的情爱；无论是高洁的献身，还是自私的罪恶……，这一切都给人以一种力量的美，而且两种力量之间有着均衡的张力。

集中最后和最长的一篇《卡司特卢女修道院院长》，也是一个爱情悲剧。男女主人公同样分属于两个天差地别的阶级：海兰·德·堪皮赖阿里出身显赫的家族；而虞耳·柏栾奇佛尔太是一个有名的强盗的儿子。本来就不可能的结合更断送在一次战斗之后：虞耳误杀了海兰的哥哥；海兰被送进卡司特卢女修道院。虞耳试图攻打修道院抢走海兰，海兰不慎向母亲泄露了风声，结果本来就戒备森严的修道院更固若金汤。虞耳失败了，身受重伤不算，还以"污渎神圣"罪受到通缉。有这种罪名的人一旦被捕获，即要用烧红的钳子烙两个小时，然后再用小火烧死在主要的十字路

← 巴黎夜景

→卢浮宫的蒙娜·丽莎

口。幸亏他的保护人和秘密主人考拉纳爵爷的安排，虞耳才痊愈逃离意大利。也正是这位爵爷，由于痛恨海兰的泄密行为，不肯将虞耳的去向告诉逃出修道院的海兰。他认为她是个背信弃义的女人，还会给虞耳带来灾难。不仅如此，考拉纳还毁掉了海兰给虞耳的所有信件，并且编造了海兰"已嫁"的消息。而海兰方面，她的母亲使她相信虞耳已死，海兰伤心欲绝，重返卡司特卢女修道院。

绝望的海兰隐居了半年之后，只想寻求刺激，以使麻木的心灵感受一些活气。这第一个刺激是虚荣——她想当卡司特卢女修道院的院长。作为一个情事已成为街谈巷议的未婚女子，这样的想法简直就是天大的玩笑。可是凭着富可敌国的家势，堪皮赖阿里夫人用20万皮阿斯特（西班牙货币）买通了红衣主教，硬是把这个匪夷所思的念头变成了事实。女院长的第二个刺激是和一个外表英俊内心卑劣的年轻主教私通，一年之后不幸有了孩子，私通败露了，成为一大丑闻，海兰受到教廷的审判。就在这时，她得到了虞耳生还的消息。海兰自觉无颜再见虞耳，她拒绝从手眼通天的堪皮赖阿里夫人掘到地

←威尼斯叹息桥

牢的地道逃逸。像于连和米西芮里一样，出于荣誉感，海兰伏剑自刎。

　　小说最精彩的描写是红衣主教受贿一节。老红衣主教十分投入地"用可怕的声音"拖着官腔："不过，借神敛财，太太！……""不过，借神敛财，太太！坏

→佛罗伦萨街雕

←威尼斯圣马可广场

透顶的借神敛财!"可是一张值 20 万皮阿斯特的地产单子就买走了他的"信仰"和神。作为"攻击教士的方式",《卡司特卢女修道院院长》圆满地完成了司汤达交给它的政治任务。

在写作《意大利遗事》中的各小说时,司汤达对法尔耐斯家族的历史产生了浓厚的兴趣,以至产生了要把它扩写成一部小说的念头。他手中的手抄本"包罗万象,甚至包括巫术"。法尔耐斯家族的发迹在今天看来充满了不可思议之处,然而没有什么比这段历史更能展现 16 世纪罗马教廷的内幕了。那是教皇亚历山大六世时期,作为教皇的亲信,罗代里戈·伦佐里红衣主教拥有极大的权势;而作为红衣主教的情妇,伐诺莎·法尔耐斯可以翻云覆雨。这样,伐诺莎年轻的

→卢浮宫的维纳斯

侄儿亚历山德罗·法尔耐斯在姑母的荫护下一路开到了教会的最高职位。在这个走向巅峰的过程中，亚历山德罗曾经杀人劫色，自陷囹圄，但姑母的情夫设法

令他逃脱，并终获赦免，而且年纪轻轻就做了主教。他还有自己的情妇和孩子。是情妇之死改变了他的人生，他开始致力于宗教事务和外交活动，终于声名日重，被推为教会领袖。67岁那年，他登上教皇宝座，称保罗三世。

应该说写作这部小说司汤达是"蓄谋已久"的，充分的准备与愉快的心情（来自情场得意与作品的畅销），使这部两卷本的长篇小说的写作只用了7个星期的时间。

司汤达又独出新裁了：《巴马修道院》颠倒了历史小说通常的程序，他不是"借古讽今"，用古装的人物影射现代人，而是把具有16世纪特征的人和事搬到了现代的背景下——19世纪20年代的意大利重演。所以，不可避免地，这个小说中的意大利只是"司汤达的意大利"，烧炭党人和青年意大利运动在这个"意大利"中受到了忽视。这也许与司汤达作为天主教国家外交官的差使有关，即也许是司汤达故意回避掉了。但是我们可以看出，即使在这两个方面没有着墨，作品仍暗示了意大利的巨变。司汤达并没有在回避的路上走得太远。

法布利斯生于拿破仑首次远征意大利那一年。父亲是个保王党人，贪得无厌，面目可憎；嫁给拿破仑

→塞纳河风光

部下一将军的姑母吉娜却同法布利斯一样，是个波拿巴主义者，正是在她和母亲的安排下，16岁的法布利斯投往滑铁卢，为理想而战。（值得一提的是，这50页滑铁卢战役的描写堪称现实主义文学中关于战争描写的最辉煌的文字。尤其是想到司汤达当时正在远离战场的意大利。）

　　法布利斯回到米兰，发现自己不仅失去了继承权而且成了警察局的通缉犯——由于亲哥哥的告发。又是姑妈出面，利用一位顶有势力的教士替他的获赦打通关节。他必须在邻近的一座城市里接受监督与审查，为此，他必须做到：首先每天去做弥撒，并向神父忏悔；其次远离"被称为明智"的人们；第三是除了官方报纸外什么也不能阅读；"最后，他得公开向贵族阶级中的一个漂亮女人求爱。这样表明他不具有一个伺机而动的阴谋家所特有的那种阴郁和愤愤不平的气质。"

吉娜在戏院偶然结识了巴马公国首相兼警察总监莫斯卡伯爵。这位戴着搽上发粉的假发（表示政治上持保守观点）的中年首相其实是个城府极深的人物。他曾是拿破仑的部下，一个货真价实的意大利共和主义者。只是随着形势的变化，他才收起锋芒，加入了执政的保王党。这个为他所瞧不起的政府与亲王办事的机敏的政客，利用手中的权力做了许多于民有益的好事。自他执政之后，没有一个自由党人被判处死刑。正是在这一点上，伯爵赢得了吉娜的尊重与爱情。可是莫斯卡毕竟有妻在室，虽说已长期分居，但离婚再名正言顺地迎娶吉娜是不可能的。于是他想了个主意，同一个渴求绶带勋章的老公爵做了笔交易：公爵娶吉娜为妻，但在婚后马上出任驻法大使，并不再回国。这样，吉娜就有了公爵夫人的头衔，从而可以顺理成章地进入巴马宫廷和上流社会，暗地里却做着莫斯卡伯爵的情妇。

美丽、机智的吉娜很快征服了巴马的贵族社会。有了莫斯卡伯爵的鼎力相助，她决定让侄儿法布利斯最终成为巴马公国的总主教。可是，麻烦也不期而

至。法布利斯在剧院结识了一位戏剧女演员玛利埃塔，并爱上了她。他们的交往引起了一直暗恋玛丽埃塔的剧团丑角的嫉恨，他扬言要杀死法布利斯，结果反被法布利斯出于自卫杀死了。莫斯卡的政敌抓住这一天赐良机，买通假证，控告法布利斯故意杀人罪，欲迫使吉娜离开巴马；而一直对吉娜垂涎三尺的巴马亲王也想以法布利斯的性命胁迫吉娜就范。最后，法布利斯被诱捕归案，关进了离地面180尺高的法尔耐斯塔牢。

要塞司令官的官邸正对着法布利斯牢房的窗口，他和司令官的女儿克劳莉娅相爱了。正是由于她，法布利斯在长达7年的监禁中一次次逃脱了死神的眷顾。最险的那次，法布利斯已经把下了毒的饭菜都送到口边了。

患难中的爱情净化了法布利斯，使这个四处留情的浪子把全部身心奉献给了克莱莉娅。

吉娜为报亲王向法布利斯投毒之仇，派人毒死了亲王。事后又凭着她的勇敢机智亲自谒见新亲王和他的母亲王妃，说服他们将搜集到的关于凶手的材料付之一炬。法布利斯为洗脱罪名接受圣职投案自首再入塔牢，又一次获益于克莱莉娅的保护，免于被毒死的命运。到法布利斯终于无罪释放，成为有继承总主教职位权利的副总主教之后，克莱莉娅却为了被放逐的父亲得以回到宫廷，不得不嫁给了平庸的克里申齐侯爵。最后，在几经周折之后，一对恋人终于冰释误会言归于好。二人暗中往来，育有一子。当这孩子和他的母亲相继去世之后，法布

←巴黎圣母院

利斯便辞去总主教之职，归隐到巴马修道院中，一年后也去世了。吉娜则正式与莫斯卡伯爵结婚，在法布利斯死后也一病身亡。

单为这些生动、自然、完整的个性我们也要感谢司汤达。在他的笔下，爱、恨、奸诈、达观这些人类情感都获得了最果断的方式和最彻底的实现。吉娜对侄儿的爱使她不惜收买报纸，放谣言煽动大众；掘堤水淹仇敌；甚至下毒毒死巴马亲王。莫斯卡伯爵更是深谙权术，他的社会经历简直是"一本极好的政治欺诈手册"。而法布利斯和克莱莉娅呢？前者先是为了能够守候在爱人身边绝计不肯逃离死地，后来竟利用布道来打动爱人的人，全然不顾亵渎神灵；后者为了这份爱则不惜背叛父亲在先，违反誓言在后。按一般的观点，这4个人物的所作所为都是很"不道德"的。但是从他们身上我们看到了司汤达对独裁制度的蔑视与反抗，他以大胆的恋爱道德观为被社会制度压碎了的自由个性撑起了一方天空。显然，司汤达已敏感地警觉到了19世纪末成为文学焦点的人的异化问题。

巴尔扎克曾大呼《巴马修道院》是"一本章章都精彩的书。"

写作过、恋爱过、生活过

> 人的一生应当这样度过：在他回首往事的时候，既不因虚度光阴而悔恨，也不因碌碌无为而自责。
>
> ——奥斯特洛夫斯基

1839年春天，组阁的莫莱伯爵倒台了。司汤达也因此失去了保障他在巴黎悠哉游哉的闲差。尽管百般不愿，他也必须到他的任所去了。

在被司汤达比作"荒原"的西维达—维基业，晚年的他常常被一种阴郁的情绪包围着。这种沮丧反映在外貌的变化上：他衰老得很快，且极其肥胖。因此，他开始拼命地自嘲。那部才写了一半儿的《拉米埃》中的丑陋的驼背医生桑斯芬的形象无疑就是他自己。这个形象强烈地反映了司汤达在最后日子里蔑视一切的怀疑主义特性。

1841年3月15日，司汤达第一次中风。几个月后，他迫于健康只好卸去领事职务，动身返回法国。1842年3月22日，在从一次盛宴返回住处的途中，司汤达第二次中风，真的像他预料到的那样，倒在了大街上。第二天，1842年3月23日，司汤达安详地离开了人世。

司汤达葬于蒙马特尔公墓，他的墓碑上简单地刻着自己生前写好的铭文：

阿里果·贝尔，米兰人

写作过、恋爱过、生活过

葬礼没有教士，只有由3人组成的送葬队伍。巴黎只有两家报纸在讣闻栏里刊登了3行字的简短讣告——作为一名四等外交官的待遇。

这位被同时代人如此漠视的伟人，正像他生前所自信地预言的那样，在他的时代整整过去两代之后被重新发现，被后人称作是一个迷失的天才和被推崇为易卜生、托尔斯泰、陀思妥耶夫斯基、左拉和萧伯纳同级别的伟大的社会小说家。

← 司汤达纪念碑

　　这位酷爱真理的法国作家，生在18世纪末，却一面作200年回溯，到16世纪的意大利去寻找理想的人生，一面给20世纪的文学论坛提供选题。他懂得如何充分利用时代所允许的自由，从而创造出一种独特的极富机智的把反抗与自保完美统一的生活艺术。随着工业化的发展，在个性和社会化之间的矛盾日益突出的今天，司汤达通过他自己和他的人物的生活仍能给我们很多教益。

　　真正伟大的艺术家是不受时空限制的，这话正适合司汤达。

相关链接

XIANGGUAN LIANJIE

司汤达年表

1783 1月23日，司汤达（本名：玛利-亨利·贝尔）生于法国东南部的格勒诺布尔市。他的父亲舍吕宾-约瑟夫·贝尔是最高法院律师；母亲卡洛琳-阿黛拉伊德-亨利埃特·加尼荣是一位医生的女儿。

1789 法国大革命。巴黎人民攻陷巴士底狱。

1790 9月22日，国民大会宣布法兰西为共和国。

1796—1799 在格勒诺布尔中心学校读书，曾获美文奖和数学首奖。1799年，执政府成立，拿破仑任第一执政。司汤达于10月底去巴黎，往依表兄达吕。达吕是拿破仑麾下大员。

1800 5月，拿破仑率军越阿尔卑斯山南下意大利，战胜奥地利军。司汤达随军前往，6月初入米兰，9月23日被任命为第六龙骑兵少尉。

1801 因病回格勒诺布尔休养。

1802—1803 离开军队。开始学习英语，博览群书，常与戏剧界人士交往，想做剧作家。

1804 4月，经日内瓦、里昂去巴黎，与女演员梅拉妮·吉尔贝（艺名路阿松）恋爱。5月，拿破仑称帝，建立第一帝国。

1805 路阿松应聘到马赛演出，司汤达随同前往，在一家经营食品的商店干活。

1806 与路阿松分手，7月回到巴黎。9—12月，跟马夏尔·达吕至普鲁士，被任为不伦瑞克军事特派员助理。

1807—1808 在不伦瑞克。1808年12月返回巴黎。

1809—1810 接受彼埃尔·达吕的命令去斯特拉斯堡和维也纳。因病，未参加瓦格拉姆战役。不久，仍回巴黎，被任命为国务会议助理，后又任命为帝国动产及建筑物督察。

1811 结识女友安热拉·佩埃特拉古阿，在意大利游览。11月末，回巴黎。

1812 7月，拿破仑率大军远征俄国，司汤达作为后勤官员参与此役。9月14日至10月16日在莫斯科，随后就是撤退，仅以身免。

1813 1月31日回到巴黎。随奉派去德国，被任为西里西亚省总管，因染炎症，返回巴黎。

1814　拿破仑被迫退位。波旁王朝复辟。7月20日，司汤达去米兰，8月10日到达。

1815　"百日政变"。拿破仑与联军战于滑铁卢，败绩。司汤达在米兰，投入写作。《海顿、莫扎特、梅达斯太斯的生平》出版（巴黎），笔名为路易-亚历山大-凯撒-朋培。

1816　在米兰、格勒诺布尔、罗马。识意大利诗人蒙蒂、作家西尔微·佩利科、英国诗人拜伦。继续从事写作。

1817　在意大利。《意大利绘画史》在巴黎出版，笔名M.B.A.A.。《罗马，那不勒斯和佛罗伦萨》在伦敦出版，作者第一次用司汤达的笔名。岁末，开始写《拿破仑传》，未完成，后来于1876年出版。

1818　在米兰，认识女革命者玛蒂尔德·邓布洛夫斯基（司汤达称她梅蒂尔德），倾心热恋，但无结果。

1819　在米兰、佛罗伦萨。父亲去世。

1820　在米兰。自由派人士以为他是政府坐探，而当时控制着意大利北部的奥地利政府又认为他是烧炭党人，司汤达处境困难。

1821　被奥警方驱逐出境。

1822　《论爱情》在巴黎出版。

1823　3月，《拉辛与莎士比亚》（第一部分）在巴黎出版。同年11月，《罗西尼传》出版（巴黎）。

1824　经常来往于罗马、巴黎、格勒诺布尔之间。结识居利阿尔伯爵夫人。

1825　3月，《拉辛与莎士比亚》（第二部分）出版（巴黎）。

1826　与居利阿尔夫人交绝。开始写小说《阿尔芒司》。去伦敦。

1827　在巴黎、意大利、伦敦。8月，《阿尔芒司》出版。

1828　1月1日到达米兰，再为奥地利警方驱逐，称他的《罗马、那不勒斯和佛罗伦萨》一书中政治观点是"反宗教、反道德、反奥地利的"。1月底，返回巴黎。结识阿尔贝·德·鲁邦勃雷。

1829　《罗马漫步》在巴黎出版。9—11月，在法国西南部旅行。

1830　七月革命。法国国王路易-菲利普登位，资产阶级掌权。9月，司汤达被任命为法国驻特里斯特领事，但奥国政府拒绝接受，乃改任驻契维塔-韦基亚领事（该地为教皇领地）。11月，小说《红与黑》在巴黎出版。

1831　4月17日，司汤达到达契维塔-韦基亚任所。

1832　在契维塔-韦基亚。写作《自我中心回忆录》，此书于1892年出版。

1833　在契维塔-韦基亚。8月，回巴黎度假。

1834　在契维塔-韦基亚、罗马。开始写作《吕西安·娄凡》（又名《红与白》），未完成。此书至1901年才出版。

1835　年底，开始写《亨利·勃吕拉传》，至1890年才出版。

1836—1837　在法国、瑞士、莱茵地区、荷兰、比利时诸地旅行。

1838　去英国旅行。6月，《旅人札记》在巴黎出版。

1839　回到契维塔-韦基亚。4月，用52天写成的小说《帕尔马修道院》在巴黎出版。《意大利遗事》出版（巴黎）。写《拉米埃尔》。

1840　在契维塔-韦基亚。

1841　3月15日，初次中风。休假，回到巴黎。

1842　3月22日傍晚在巴黎街上行走时突然患脑溢血，经抢救无效，于23日清晨2时去世。